Charlotte Cordes Florian Schwartz

WIR SPIELEN MIT EUREM LEBEN

Provokative Szenenarbeit in Coaching und Therapie

Knoll und Patze Verlag

Inhaltsverzeichnis

WIR SPIELEN MIT EUREM LEBEN

Provokative Szenenarbeit in Coaching und Therapie

Charlotte Cordes, Florian Schwartz

IMPRESSUM

Wir spielen mit eurem Leben
Charlotte Cordes, Florian Schwartz
1. Auflage I Deutsche Erstausgabe I
Autor: Dr. Charlotte Cordes, Florian Schwartz
Hofbrunnstraße 78 I 81477 München I humor@knollundpatze.de
Umschlaggestaltung und Satz: buxdesign München I Lisa Höfner, Karina Wimmer
ISBN: 978-3-985-95137-6 I www.knollundpatze.de

Vorwort

Dieses Buch ist ein Herzensprojekt von uns beiden. Wir kennen uns seit ungefähr 20 Jahren und arbeiten fast genauso lange in Seminaren und auf der Bühne zusammen. Die Provokative Szenenarbeit in Coaching und Therapie hat sich in den letzten Jahren mehr und mehr in unser Leben geschlichen. Anfangs war es eine für uns kaum greifbare Nebelbank, die wir intuitiv und wild in unsere Coachings einbauten und von der wir fasziniert waren. Wir sahen die positive Wirkung, die diese Arbeit auf Klientinnen und Klienten[1] hatte und spürten unsere eigene Begeisterung dafür. Greifen konnten wir das alles jedoch damals noch nicht wirklich. Trotzdem machten wir weiter, und je mehr wir damit arbeiteten, desto stärker lichtete sich der Nebel. Dieser Prozess begann schon vor Covid. Doch in der Zeit der Pandemie bekamen wir noch mehr Klarheit über die einzelnen Elemente.

Da wir ab März 2020 kaum noch Freunde treffen konnten und weder beruflich noch privat reisen durften, waren wir plötzlich viel zu Hause und hatten Zeit. Viel Zeit. Statt zu Jammern, beschlossen wir, diese Zeit zu nutzen, um Neues auszuprobieren. Als der erste Lockdown im März 2020 verkündet wurde, begannen wir als erstes damit, alle Coachings und Seminare in unserem Institut (www.provokativ.com) auf Onlineformate umzustellen und bemerkten, wie gut das funktionierte. Es entstand trotz körperlicher Distanz eine große emotionale Nähe zu unseren Teilnehmenden.[2]

Parallel zu dieser technischen Umstellung experimentierten wir auch inhaltlich mit neuen Themen. Unser Herzensthema nahm Fahrt auf, was uns unglaublich freute und immer noch freut. Durch diese Experimentierfreudigkeit und den regen Austausch mit Teilnehmerinnen und Klienten konnten wir herausfiltern, welche Bausteine in unserer Arbeit stecken und warum diese eine so starke emotionale Wirkung auf alle Beteiligten hat. Der Wunsch vieler Workshop- und Seminarteilnehmer, unsere Erfahrungen zu Papier zu bringen, gab den letzten Anstoß, dieses Buch zu schreiben. Das Ergebnis halten Sie in Ihren Händen.

Der Provokative Ansatz ist Säule Nummer eins für unsere Arbeit. Er ist die Basis in all unseren Coachings, weshalb wir zu Beginn des Buches einen kleinen Einstieg in diese Thematik geben. Wir halten es damit kurz, weil Noni Höfner und Charlotte Cordes darüber schon einige Bücher und zahlreiche Fachartikel geschrieben haben. Wenn Sie sich vertiefend mit dem Provokativen Ansatz beschäftigen möchten, lesen Sie gerne die weiterführende Literatur, hören Sie unsere Podcasts oder streamen Sie unsere Videos.[3]

Das Improvisationstheater ist Säule Nummer zwei. Bereits Anfang der 2000er Jahre stellten wir fest, dass die Haltung hinter dem Provokativen Ansatz und dem Improtheater sehr ähnlich ist. Seitdem integrieren wir Elemente aus dem klassischen Improvisationstheater in fast alle unsere Seminare.[4] Das Impro-Bühnenformat ›Life Game‹ von Keith Johnstone diente uns als Inspiration, szenische Elemente noch stärker in unsere Coachings zu integrieren. **Die Provokative Szenenarbeit war geboren.**

In diesem Buch möchten wir Ihnen den Background dieser Arbeit nahebringen und unsere praktischen Erkenntnisse mit Ihnen teilen. Wir beschreiben Ihnen Bausteine, die für uns essentiell sind, immer ergänzt um konkrete praktische Beispiele aus unserer Coachingpraxis. Weiterhin bekommen Sie am Ende eines jeden Bausteins kleine Übungseinheiten, mit denen Sie die einzelnen Elemente für sich selbst ausprobieren können.

Für die Leserinnen und Leser, die einen Gesamteindruck einer ca. 30-minütigen Coaching-Session bekommen möchten, haben wir drei vollständige Coachingeinheiten mit unterschiedlichen Themen komplett transkribiert und in den Anhang dieses Buches gepackt. Wenn Sie weiteres Interesse an dieser Arbeit haben, können Sie diese und eine ganze Reihe weiterer vollständiger Coachings mit Bild und Ton bei therapie.tv käuflich erwerben.[5]

Wir möchten Sie anhand unserer Arbeit ermutigen, immer wieder Neues in Ihre Coachings und Therapiesitzungen zu integrieren. Nutzen Sie all Ihre Fähigkeiten und bauen Sie diese ein. Alleine oder mit Kollegen. Wenn es funktioniert, machen Sie weiter. Wenn nicht, probieren Sie etwas anderes aus.

An dieser Stelle soll eine Seminarteilnehmerin nicht unerwähnt bleiben, die uns gefragt hat, ob sie in ihren Therapie-Sitzungen eine Clownsnase aufsetzen darf. Unsere Antwort: ›Probieren Sie es aus! Wenn Sie sich wohlfühlen und es eine positive Wirkung auf die Klienten hat, machen Sie weiter. Sonst variieren Sie oder versuchen etwas Neues‹. Denn wenn die Menschheit nicht immer wieder neue Dinge ausprobiert hätte, säßen wir heute alle noch auf Bäumen oder in Höhlen und könnten kein Feuer machen.

Lassen Sie uns nun mit Ihrem Leben spielen!

Charlotte Cordes und Florian Schwartz

Die Basis: Die Provokative Therapie von Frank Farrelly

Der Erfinder der Provokativen Therapie ist der US-Amerikaner Frank Farrelly. Dr. Noni Höfner, die Mutter von Dr. Charlotte Cordes, lernte ihn Anfang der 1980er Jahre kennen und begeisterte sich für seine Arbeit. Noni Höfner stand kurz davor, ihren Beruf als Therapeutin aufzugeben, weil sie die Langwierigkeit und Schwere sowie die damit verbundenen sehr kleinen Fortschritte in klassischen Therapien unglaublich anstrengten und auslaugten. Dann traf sie Frank Farrelly und war fasziniert davon, wie er arbeitete. Er setzte sich über alle klassischen Regeln, die in der Therapie gang und gäbe waren, hinweg und erreichte mit viel Humor in kurzer Zeit lang anhaltende Verhaltensänderungen. Noni Höfner fing Feuer und wollte mehr davon. Also heftete sie sich an seine Fersen und fing an, Seminare für ihn zu organisieren und selbst provokativ mit Klientinnen und Klienten zu arbeiten. Außerdem gliederte sie diese komplexe Therapieform in Bausteine, um sie selbst besser zu begreifen und einer größeren Anzahl von Menschen zugänglich zu machen. Da Farrelly seine Arbeit in Workshops nie erklärte, sondern sie ausschließlich in Life-Therapien demonstrierte, waren Noni Höfners kognitive Aufschlüsselungen sehr hilfreich für die Teilnehmenden.

Farrelly hatte die Provokative Therapie bereits in den 1960er Jahren in der Psychiatrie entwickelt und damit dort fast zwei Jahrzehnte mit ›schwerstgestörten‹ Klienten gearbeitet.[6] Es gelang ihm regelmäßig, hoffnungslose Fälle aus geschlossenen Abteilungen ›herauszuprovozieren‹ und ihnen wieder ein normales Leben zu ermöglichen. Nachdem Noni Höfner ihn 1985 kennengelernt hatte, gründete sie 1988 das Deutsche Institut für Provokative Therapie (DIP). Ihre Tochter Charlotte Cordes stieg Anfang der 2000er Jahre dort mit ein. Gemeinsam entwickelten sie die Provokative Therapie weiter zum Provokativen Ansatz, mit dem sie bis heute therapieren, beraten, coachen und supervidieren sowie ihn in Fortbildungen an interessierte Fachleute aus unterschiedlichsten Bereichen weitergeben.

Ein eingängiges Kürzel für den Provokativen Ansatz ist das **LKW**, das **L**iebevolle **K**arikieren des **W**eltbildes der Klienten. Noni Höfner erfand dieses Kürzel bereits in den 1980er Jahren, weil sie sich wie viele andere, die Frank Farrelly erlebten, am Anfang wie von einem Lastwagen überfahren fühlte. LKW bedeutet, dass man als Coach oder Therapeutin in das Weltbild der Klienten einsteigt (von Farrelly auch gerne als ›mentale Unterhose‹ bezeichnet) und sich gemeinsam mit ihnen über ihre Stolpersteine amüsiert. In der provokativen Beratung werden die Selbstschädigungen so lange karikiert und persifliert, bis die Klientinnen einen emotionalen Widerstand dagegen entwickeln und darüber lachen können. Wichtig dabei ist, dass die Coaches und Therapeuten nichts weglachen und auch niemanden auslachen, sondern schlimme Dinge, die den Klienten zugestoßen sind, sehr ernst nehmen. Sie amüsieren sich nicht über die Klientinnen, sondern ausschließlich über die Instrumentalisierung ihrer Themen, wenn diese beispielsweise als Entschuldigung dafür genutzt werden, kein glückliches und erfülltes Leben mehr führen zu dürfen.

Das einzige Ziel in diesem Prozess ist es, festgefahrene Systeme wieder in Bewegung zu bringen. Dass dynamische Prozesse in Gang gebracht werden, zeigen Aussagen der Klienten wie »Ich bin jetzt verwirrt« oder auch »Ich fühle mich jetzt leichter und befreiter«, die nach so gut wie jeder Sitzung fallen. Als provokative Coaches und Therapeuten lassen wir diese relativ unspezifischen emotionalen Rückmeldungen so stehen und rationalisieren sie nicht durch weitere Erklärungen. Dadurch bleiben die Klientinnen im akuten Gefühl und ›verkopfen‹ sich nicht wieder unnötig. Vertrauen Sie darauf, dass die Klienten sich aus der Coaching-Stunde das ziehen, was für sie am besten ist. Um Ihre eigene Coach-Neugier zu befriedigen, können Sie die Klientinnen darum bitten, Ihnen eine Mail zu schreiben, wenn ein bisschen Zeit vergangen ist. Ob und wie sich etwas durch die Sitzungen verändert hat, können Klienten ohnehin meist erst Stunden, Tage, Wochen oder sogar Monate danach in Worte fassen. Direkt nach der Sitzung ist das fast

nie möglich. Denn: Die provokative Vorgehensweise hat eine Depotwirkung und entfaltet sich meist erst verzögert.
Essentiell in diesem ganzen Prozess ist die innere Einstellung der Coaches bzw. Therapeuten. Er oder sie sind voller Vertrauen, dass die Klienten aus ihren Sackgassen eigenständig herauskommen. Gelingt Ihnen als Berater diese vertrauensvolle Haltung nicht, dürfen Sie auf keinen Fall provokativ werden. Andernfalls werden die Provokationen schnell als zynisch, ätzend und aggressiv empfunden. Die Klientinnen entwickeln in diesem Fall einen Widerstand gegen die Therapeuten und Coaches (NICHT das Ziel) und nicht gegen ihre eigenen Stolpersteine (DAS Ziel).
Jetzt noch zwei kurze Beispiele aus Coachings von Charlotte Cordes und Florian Schwartz mit Erklärungen zur Vorgehensweise. Ohne diese Erläuterung können provokative Sitzungen oder Auszüge daraus manchmal etwas verstörend auf die Betrachter oder Leserinnen wirken, die den Ansatz noch nicht kennen.

Beispiel 1:
Es ist der Beginn der Stunde. Die Klientin (Kl) ist Ende 40 und schildert ihr Thema.

Kl: Also ich bewege mich zu wenig und ich habe ganz ganz viele Schweinehunde, die mich davon abhalten.
Charlotte Cordes (C): Du verfettest …

C lässt die Klientin gar nicht lange sprechen, sondern grätscht sofort rein. Typisch für die provokative Vorgehensweise. Der Hintergrund: Die Klienten haben ihr Thema meist schon tausendmal im Kopf gewälzt und wahrscheinlich ebenso vielen Personen bereits erzählt. Viel Emotion ist in diesen Schilderungen nicht mehr enthalten. Ziel der schnellen Unterbrechungen ist es, die Klientinnen aus dem Kopf wieder in die Emotion zu bekommen und von ihrer festgefahrenen Spur abzubringen. Gleichzeitig steigt C in das Weltbild der Klientin ein und formuliert die Gedanken, von denen sie glaubt, dass sie sie auch schon gehabt hat. Dabei benutzt C Worte, die nicht ›clean‹, geschönt oder gar politisch korrekt sind, sondern sie spricht so wie Klienten (und auch Coaches und Therapeuten) über ihre Probleme denken. Normalerweise denkt man nicht: ›Ich fühle mich ein bisschen zu rund‹, sondern: ›Ich bin zu fett‹. Basis ist die unabdingbare wohlwollende Grundhaltung und das Zutrauen, dass die Klientin selbst aus ihrer Sackgasse herauskommt.

Kl: Genau. Ich verfette … und ich weiß nicht … Herz verfettet auch … usw.
Die Klientin stimmt zu. Der Gute Draht ist da.
C: Naja, aber dafür ist es gemütlich. Dafür hast du ein bequemes Couchleben. Ist doch wunderbar. Du wirst halt nicht so alt, aber DEN Tod musst du sterben, im wahrsten Sinne des Wortes. Naja, ich meine, du hast ja schon fast 50 Jahre geschafft. Dann wirst du halt nur 50, aber dafür hast du dich richtig vollgefressen und hast gelebt.
C begeistert sich für die Vorteile, die das Thema für die Klientin hat, d. h. sie begeistert sich für den sekundären Krankheitsgewinn, der in fast jedem Problem steckt (Welche Vorteile hat die Klientin von ihrer Faulheit? Es ist gemütlich, bequem, nicht anstrengend) und spielt die Nachteile herunter, die das schädigende Verhalten für sie hat (Du wirst halt nicht so alt. Egal.).

K: Ja, und auch lecker.

Noch ist wenig Widerstand gegen die Faulheit zu spüren. Die Klientin stimmt C noch zu. Also muss C noch mehr überzeichnen und karikieren, um herauszufinden, ob der Leidensdruck für Veränderung überhaupt vorhanden ist oder, ob die Klientin eigentlich ganz zufrieden ist und gar nichts ändern will (was auch vollkommen in Ordnung wäre).

C: In ein paar Jahren schwabbelt und schwabbelt es und dein Mann findet dich kaum noch in diesen ganzen Fettwülsten …

Kl (lachend): Oh Gott!
Die Klientin hält sich kurz die Augen zu.

Ein solches Zukunftsszenario ist eine Möglichkeit, die Übertreibung zu steigern. Die Klientin reagiert darauf. So will sie nicht enden. Auf diese Weise geht die Sitzung weiter. Als provokativer Coach hangeln Sie sich von Satz zu Satz vorwärts, immer auf der Suche nach emotionalen Reaktionen. Wenn die Stunde vorbei ist, hören Sie einfach auf und haben das vollste Vertrauen, dass die Klienten sich selbst weiter sortieren und eine Lösung für sich finden.

Beispiel 2:
Die Klientin ist Mitte dreißig und genervt von ihrem Freund, mit dem sie seit acht Jahren zusammen ist. Sie beschwert sich, dass er sich zu wenig um sie und ihre Bedürfnisse kümmert.

Klientin (Kl): Ich bin im Moment unglaublich genervt von meinem Freund.
Charlotte Cordes (C): Er kümmert sich zu wenig um Dich. Der ist echt ein Arsch.

C steigt auch hier sofort mit einer Behauptung in das Weltbild der Klientin ein (›Der ist echt ein Arsch!‹). Durch solche pauschalen Behauptungen des Coaches oder Therapeuten fangen die Klienten in der Regel an, zu differenzieren. Wenn man als Coach im Gegensatz dazu sehr differenziert argumentiert – beispielsweise durch gutes Zureden oder in dem man viele Fragen stellt – werden die Klientinnen pauschaler. Als provokativer Coach dreht man den Spieß einfach um.

Kl: Genau.

Die Klientin stimmt zu. Sie hat wohl selbst schon ›Arsch!‹ über ihren Freund gedacht. Der Gute Draht ist da. Der Widerstand gegen die Selbstschädigung noch nicht. Also fängt C an, noch stärker zu übertreiben.

C: Schmeiß ihn doch raus. Ihr seid jetzt so lange zusammen. Jetzt habt ihr Euer Neunjähriges …
Kl: Achtjähriges …
C: … Achtjähriges gefeiert. Das reicht. Alle acht Jahre einen Neuen. Hau ihn raus und such dir was Besseres.
Die Klientin lacht.

C macht der Klientin einen idiotischen Vorschlag, um herauszufinden, ob sie ihren Freund behalten will oder nicht. Viele Klienten wollen immer gerne die Patentlösung von ihrem Coach hören. Die provokativen Lösungen und Vorschläge sind jedoch alles andere als geradlinig, sondern stark überzeichnet und regelrecht ›bekloppt‹. Dadurch wird vermieden, dass man als Coach oder Therapeut in der One-up-Position ist und mit erhobenem Zeigefinger auf die Klienten zeigt. Man ist stattdessen auf Augenhöhe und das Gegenüber merkt schnell und unmittelbar, was er oder sie eigentlich will oder auch nicht. Ganz selbstbestimmt.

C: Warum willst du den behalten? Setz ihn vor die Tür und such dir einen, der ein bisschen mehr Interesse für dein Zeug hat.
Kl: Ich weiß nicht, ob es so einen gibt.
C: Das reicht jetzt auch wieder. Acht Jahre. Ich bitte dich. Es kann sein, dass beim Nächsten nach ein paar Jahren auch wieder diese Langeweile und dieses Genervtsein eintritt, aber dann suchst du dir halt wieder einen Neuen.

Man sieht der Klientin an, dass sie grübelt.

Kl: Ja, aber das will ich ja gar nicht.
C (erstaunt): Du willst DEN behalten, obwohl der so ein Depp ist?
Kl (lacht): Ja, er hat ja auch seine guten Seiten.

Die Klientin baut Widerstand auf und nimmt ihren Freund zum ersten Mal in Schutz. Wer kennt das nicht? Wenn wir von jemandem genervt sind, sehen wir zunehmend nur noch das, was negativ an dieser Person ist. Durch gezielte Provokationen und pauschale Abwertungen des Freundes (was natürlich nicht der inneren Haltung des Coaches oder Therapeuten entspricht, wir kennen den Freund ja gar nicht, wir sprechen nur die von uns vermuteten Gedanken der Klientin auf übertriebene Weise aus) sieht die Klientin hier wieder positive Seiten ihres Partners.
C setzt nochmal einen drauf, um die Erkenntnis zu festigen.

C (überrascht): Der hat gute Seiten???
Kl: Der ist nicht NUR scheiße.[7]

Der Provokative Ansatz und die Verbindung zum Improvisationstheater

Zum Zeitpunkt ihres Einstiegs ins DIP Anfang der 2000er Jahre spielte Charlotte Cordes schon eine Weile Improvisationstheater, und sowohl Noni Höfner als auch ihr wurde schnell Folgendes klar: Die Haltung, die hinter Impro und dem Provokativen Ansatz steckt, ist identisch.

Das Improvisationstheater ist eine Theaterform, bei der alles frei aus dem Stegreif erfunden, gespielt, behauptet und entwickelt wird. Dabei wird auf Bühnenbild, Maske und Kostüme weitgehend verzichtet. Wenn Accessoires und Requisiten zum Einsatz kommen, dann nur ganz dezent. Die Spieler wissen zu Beginn der jeweiligen Szenen nicht, wie diese sich inhaltlich entwickeln werden. Damit das Zusammenspiel gelingt, müssen sie vor allem folgende drei Regeln beachten:

- Die Akteure dürfen nicht vorausplanen, sondern müssen in jedem Moment wachsam sein, sich zuhören und immer wieder aufeinander eingehen.
- Sie sollten die szenischen Angebote der Mitspielerinnen annehmen und nicht ignorieren oder abblocken.
- Es ist essentiell, dass die Spieler sich stets gegenseitig unterstützen und gut dastehen lassen. Mit Rampensäuen spielt auf Dauer niemand gerne.

Beim Provokativen Ansatz ist es ähnlich:

- Auch dort wird sehr prozessorientiert gearbeitet und inhaltlich nichts geplant. Stattdessen stellen die provokativen Coaches und Therapeuten alle Antennen auf Empfang und lassen sich von jedem Satz und jeder Regung der Klienten immer wieder aufs Neue und über die ganze Sitzung hinweg inspirieren.
- Die Berater nehmen alle Angebote an, die von den Klientinnen kommen (verbal wie nonverbal) und spielen damit, indem sie

diese überzeichnen. Nichts wird ignoriert oder abgeblockt.

- Die Coaches und Therapeuten lassen die Klientinnen nonverbal gut dastehen und versuchen, sie durch ihre wohlwollende Haltung zu stärken und zu inspirieren. Sie sind dabei auf Augenhöhe mit den Klienten.

Keith Johnstone, einer der Wegbereiter des Improvisationstheaters hielt über zehn Jahre lang zahlreiche Seminare am Deutschen Institut für Provokative Therapie. Charlotte Cordes gründete ihre erste Improgruppe kurz nach ihrem ersten Workshop, den sie bei Keith Johnstone in München besuchte. Das war 1998. Florian Schwartz kam 2003 als Musiker hinzu. So lernten sich die beiden Autoren kennen. Charlotte Cordes stand als Spielerin auf der Bühne und Florian Schwartz begleitete die Auftritte am Klavier. Die beiden hatten schnell einen Draht zueinander und begannen schon in den 2000er Jahren, erste Seminare gemeinsam zu entwickeln und zu halten, in denen Improtechniken und Musik eine große Rolle spielten. Florian Schwartz war immer häufiger auch bei anderen Seminaren im DIP als Musiker mit dabei. Er begleitete die Coachings musikalisch und fing an, selbst provokativ zu arbeiten. Er wuchs also ähnlich in diese Thematik hinein wie Charlotte Cordes. Sie kam von der Improbühne, geprägt durch den Provokativen Ansatz, er von der Musiker-Seite, geprägt durch improvisierte Musik.

Das Life Game von Keith Johnstone

Das Life Game ist ein Bühnenformat, das Keith Johnstone neben vielen weiteren Impro-Formaten in seinem langen Schaffensprozess entwickelte.[8] Es legt den Fokus stark darauf, mit den Lebensgeschichten der Zuschauer zu improvisieren. Charlotte Cordes war von Anfang an fasziniert vom Life Game und gründete 2014 die Improgruppe *Impro Goes Loose*, die auf Basis des Life Games das Impro-Format der Life Stories entwickelte.

Beim ursprünglichen Life Game wird ein Gast aus dem Publikum auf die Bühne geholt und von einem Improspieler oder einer Improspielerin über Aspekte seines oder ihres Lebens interviewt. Weitere Improspielende hören aufmerksam zu. Ein Regisseur sitzt in der ersten Theaterreihe und gibt immer wieder szenische Anweisungen an die Spielenden, zu denen ihn oder sie das jeweilige Interview inspiriert – spontan und improvisiert. Die Improspielerinnen lassen sich wiederum von den Regieanweisungen des Regisseurs anregen und improvisieren daraus längere oder kürzere Szenen. Dabei geht es nicht darum, die Erzählungen des Gastes nachzuspielen, sondern Perspektivwechsel, Zeitsprünge, Monologe, Lieder, Best- und Worst-Case-Szenarien etc. daraus entstehen zu lassen.

Wichtig ist: Der Gast ist König. Er oder sie muss gut dastehen und darf nicht vorgeführt werden. Die Gäste werden wohlwollend und humorvoll mit Aspekten ihrer Lebensgeschichte konfrontiert. Diese szenischen Elemente dürfen leicht oder schwer, lustig oder traurig, absurd oder leidenschaftlich sein. Sie haben meist einen emotionalen Effekt auf den Gast, aber auch auf die Zuschauerinnen. Keith Johnstone selbst hatte Respekt vor seinem eigenen Format. Er kam vom Theater und spürte die emotionale, fast therapeutische Wirkung, die diese szenischen Elemente auf die Gäste und das Publikum haben konnten.

Die Gruppe Impro Goes Loose experimentierte in der Anfangsphase viel mit dieser sehr intimen Form des Improvisationstheaters. In der ersten Zeit interviewten die Spieler viele verschiedene Personen pro Abend zu ihrem Leben und improvisierten daraus pro Person maximal ein bis zwei Szenen. Oft wurden die Personen nicht einmal auf die Bühne geholt, sondern von den Spielerinnen von der Bühne aus befragt oder die Spieler gingen ins Publikum und machten die Interviews dort. Aufgrund der häufigen Personen- und Szenenwechsel blieben die Auftritte oft noch etwas beliebig. Die Truppe war vorsichtig und spielte mit angezogener Handbremse. Sie war noch ein Stück von ihrem eigentlichen Ziel entfernt: Mit den Lebensgeschichten des Publikums spielen und auf diese Weise den einzelnen Personen nahe kommen, sie emotional berühren und sie gleichzeitig zum Schmunzeln bringen. Eine Mischung aus Leichtigkeit und Tiefe also.

Irgendwann kam die Wende. Die Truppe traf eine Entscheidung: Sie holte sich die Gäste aus dem Publikum auf die Bühne und ließ sich mehr Zeit für die Interviews. Als Regisseure fungierten alle gleichermaßen, sowohl der Interviewende als auch die Spieler sowie der Musiker. Jeder, der einen Impuls verspürte, hatte die Erlaubnis einzugreifen. Impro Goes Loose ließ sich treiben und wechselte ganz nach Gefühl zwischen Interview, Szenen und Musik. Die Handbremse war gelöst. Die Süddeutsche Zeitung musste das geahnt haben. Sie kam genau zu diesem so einschneidenden Auftritt und schrieb einen ganzseitigen sehr positiven Artikel darüber. Seitdem improvisiert die Truppe nur noch auf diese Weise auf der Bühne, live und online. Die Life Stories waren geboren.

Provokative Szenenarbeit in Coaching und Therapie

Parallel zu den Life Stories auf der Bühne ergänzten Charlotte Cordes und Florian Schwartz in den letzten Jahren ihre Coachingarbeit mit dem Provokativen Ansatz um szenische Elemente. Im Coaching können diese die Wirkung provokativer Interventionen noch verstärken. Diese Coaching-Erfahrung befruchtet wiederum auf der Bühne die Interviews und die Szenen.
Charlotte Cordes und Florian Schwartz arbeiten im Coaching nach wie vor auch rein provokativ ohne szenische Elemente. Allerdings setzen sie zusätzlich immer häufiger die szenischen Bausteine in den Sitzungen ein. Zu Beginn war das eher ein Zufallsprodukt, das sich intuitiv ergab. Inzwischen ist ihnen hinsichtlich dieser Thematik sehr viel klarer, was sie tun, wenn sie es tun.
Im Folgenden haben sie einige **Bausteine** herausgefiltert, die zeigen, wie man im Coaching provokativ szenisch arbeiten kann. Entweder alleine oder zu zweit. Die einzelnen Komponenten werden in den folgenden Kapiteln ausführlich beschrieben:

- **im Detail ausgeschmückte Szenenbildmalereien**
- **Absurde Perspektivwechsel**
- **Zeitsprünge in alle Richtungen**
- **›Was wäre, wenn …‹ - Szenarien**
- **Abstruse innere Dialoge und Monologe**
- **Musikalische Elemente**

Die Aspekte sind ein Versuch, etwas Licht in die Nebelbank dieser Arbeitsweise zu bringen. Sie sind nicht unabhängig voneinander zu sehen und haben keinerlei Anspruch auf Vollständigkeit, sondern dienen als Anregung und dürfen gerne erweitert werden.
Und eins ist noch wichtig: Auch wenn viele Beispiele beschrieben werden, in denen die beiden zu zweit coachen, kann man all diese Elemente auch alleine in das jeweilige Coaching oder die Thera-

piestunde integrieren. Charlotte Cordes und Florian Schwartz coachen viel alleine. Zu zweit ist die Luxus-Variante.

Die Rahmenbedingungen

Der Gute Draht und das Figurenspiel gelten übergreifend für alle szenischen Bausteine. Diese beiden Elemente sind sozusagen die Rahmenbedingungen bzw. die Grundlage für alles weitere, was szenisch in den Coaching-Sessions passiert. Wenngleich diese beiden Elemente sicher auch in anderen Beratungsformen eine Rolle spielen, wird hier beschrieben, wie sie auf provokative Weise verwendet werden können.

Der Gute Draht

Zu Beginn der Coachings muss der Gute Draht zu den Klientinnen hergestellt werden. Das ist in jedem Coaching und ganz besonders im Provokativen Coaching mit oder ohne szenischen Elementen essentiell. Er sollte während der gesamten Coaching-Session gehalten werden.
Wenn der Gute Draht verloren geht, ist es vor allem wichtig, das zu erkennen. Nur dann können Sie ihn wieder aktivieren (wie auch immer Sie das tun). Ohne diese Verbindung können Sie als Coach oder Therapeutin sagen und machen, was Sie wollen (provokativ oder unprovokativ, szenisch oder nicht szenisch), die Klienten werden Ihnen nicht mehr zuhören.

Die Gefahr, den Guten Draht zu verlieren, besteht, wenn …
1. … Sie mit Ihrer Aufmerksamkeit abdriften und nicht mehr wahrnehmen, was bei der Klientin verbal oder nonverbal passiert.
2. … Ihnen Klienten auf die Nerven gehen.
3. … Sie den Klientinnen nicht mehr zutrauen, dass sie ihre Probleme selbst lösen.
4. … Sie sich selbst unter Druck setzen. Dann fällt Ihnen nichts mehr ein. Die Klienten spüren den Druck und sind dann ebenfalls gestresst.

Sie können den Guten Draht halten, indem Sie …

1. … alle Antennen auf Empfang stellen, um die verbalen und nonverbalen Signale der Klientinnen wahrzunehmen.

2. … eine wohlwollende, wertschätzende und zutrauende Haltung den Klienten gegenüber einnehmen.

3. … entspannt bleiben.

Zwei Beispiele für die schnelle Herstellung des Guten Drahtes gleich zu Beginn der Sitzung:

Beispiel 1:

Charlotte Cordes (C): Schön, dass Du da bist. Geht's Dir gut?

Klientin (Kl): Es geht. Ich war gestern beim Zahn ziehen.

C: Och Gott. Du Arme.

Florian Schwartz (F): Oh nein.

C: Ich hoffe, Du kannst reden. Wir reden ja auch viel.

Kl (lacht): Ja genau. Das ist mein Vorteil.

C und F lachen auch.

C: Bei was können wir dir heute helfen?

Beispiel 2:

In diesem Beispiel beglückt uns eine Klientin (Kl) gleich zu Beginn mit den gesammelten Katastrophen ihres letzten Jahres.

C: Schön, dass du da bist

Kl: Ja, ich freu mich auch

C: Bei was können wir dir denn helfen?

Kl: Ja, also, mein vergangenes Jahr war ziemlich fies. Nicht nur wegen Corona, sondern weil einfach ganz viel zusammenkam. Mein Bruder ist gestorben, meine Mutter ist abgedreht, vollends und hat sich dann von mir ganz abgewendet, hat mich enterbt … ähm … den Job, den ich eigentlich haben wollte, hab ich nicht bekommen und dann zum krönenden Abschluss hat mich mein Mann verlassen. Aus relativ heiterem Himmel.

C: Also du hast so richtig die volle Breitseite abgekriegt.

F: Boah.

Alle lächeln.

Die beiden Beispiele zeigen, wie schnell der Gute Draht zu Beginn der Stunde mit wenigen Worten hergestellt werden kann. Charlotte Cordes und Florian Schwartz gehen einfach wohlwollend und humorvoll auf das ein, was als erstes kommt, manchmal sogar noch vor dem genannten Thema. Mit den liebevollen Provokationen starten sie im Anschluss und zwar meist schon im nächsten oder übernächsten Satz, nicht erst 20 Minuten später.

Provokative Figurenarbeit

Ist der Gute Draht vorhanden, können Sie als Coachin oder Therapeut jederzeit szenisch werden. Das bedeutet, dass Sie nicht nur mit den Klienten (provokativ) über ihre Themen sprechen, sondern auch in die Figuren von Personen, Gegenständen, Tieren oder abstrakten Begriffen schlüpfen, die die Klienten erwähnen. Sie improvisieren dann in diesen Rollen kleine Szenen und spielen sie den Klientinnen vor. Wichtig ist in diesem Zusammenhang zu erwähnen, dass es nicht um das Nachspielen von Lebensereignissen geht, sondern um eine liebevolle Verzerrung der geschilderten Themen, mit dem Ziel, die Klientinnen dazu zu bringen, über ihren eigenen ›Mist‹ zu lachen und diesen dadurch zu relativieren. Als Coach oder Therapeut müssen Sie für diese Arbeit kein Schauspieler sein. Es reicht oft schon aus, mit kleinen Mitteln zu arbeiten, z. B. die Stimme anheben, mit der Mimik spielen oder die Körperhaltung verändern.

Coachen Sie alleine, was die Regel sein dürfte, haben Sie die Möglichkeit, mehrere Figuren zu verkörpern und zwischen ihnen hin- und herzuspringen. Wenn es um eine Entscheidungsfrage geht, können Sie beispielsweise abwechselnd einen Engel und einen Teufel spielen. Gehen Sie körperlich und stimmlich zuerst in eine der Figuren (z. B. den Engel) und zählen den Klientinnen die Vorteile einer Seite der Entscheidung auf. Kurze Zeit später wechseln Sie in die andere Figur (z. B. den Teufel) und nehmen inhaltlich die andere Seite ein. Dann wechseln Sie wieder und wieder. Nach ein paar Minuten dieses Schlagabtauschs wissen die Klienten erstaunlicherweise oft, was sie tun möchten. Therapieren Sie zu zweit, können Sie gemeinsam szenische Dialoge entwickeln. In diesem Beispiel wäre dann einer von Ihnen der Engel und einer der Teufel. Inhaltlich können Sie bei der Figurenarbeit stets alle stilistischen Möglichkeiten des Provokativen Ansatzes nutzen (Aussagen statt Fragen, Begeisterung für das Symptom, Globalisieren, Karikieren, Offensichtliches aussprechen, idiotische Lösungen, Bilder etc.)[9] und insbesondere – und darum geht es in diesem Buch vor allem – die bereits angekündigten Bausteine verwenden, die uns die provokative Szenenarbeit bietet.

Die Entscheidung, was davon wann und wie in einer Coachingstunde verwendet wird, ist intuitiv, je nachdem, welches Element Sie für den Moment am geeignetsten halten. Oft starten wir mit einem klassisch provokativen Gespräch (wenn man da überhaupt von klassisch sprechen kann), das im Verlauf des Coachings immer stärker mit szenischen Elementen angereichert wird. Die einzelnen Elemente können dabei kürzer oder länger sein. Auch da gibt es keine festen Regeln oder eine zielgerichtete Dramaturgie. Manche Szenen verändern sich unvorhergesehen und nehmen mehr Raum ein. Manche sind eher Kleinst-Szenen oder auch nur Szenen-Teaser von nur wenigen Sekunden, die auch abrupt abbrechen dürfen, ohne einem ausgefeilten Spannungsbogen zu folgen. Hauptsache, Sie behalten den Klienten im Auge. Solange er oder sie emotional mit im Boot ist, ist alles richtig, was Sie machen.

Im Folgenden werden Auszüge aus zwei Coachings zitiert, die Charlotte Cordes und Florian Schwartz gemeinsam durchgeführt haben und in denen das Figurenspiel im Vordergrund steht.

Beispiel 1:

Die Klientin hat einen stark ausgeprägten Perfektionismus und möchte nach außen keine Schwächen zeigen. Das Weiche, Verletzliche im Inneren wird die meiste Zeit gut verborgen, damit bloß nichts davon an die Öffentlichkeit dringt. Sie ist gestresst, sich ständig deckeln zu müssen, aber es gelingt ihr nicht so richtig, das zu verändern.

Charlotte Cordes (C) und Florian Schwartz (F) schlüpfen in zwei eher abstrakte Figuren. C spielt das Weiche, Verletzliche. F spielt die Blockade, die dieses Weiche, Verletzliche nicht hinauslässt, obwohl es so gerne möchte.

C legt ihre Finger wie eine Brille um ihre Augen, um die großen Augen des Weichen, Verletzlichen zu zeigen.
F: Wir lassen dich nicht raus!
C (spricht mit hoher Stimme): Ich will aber mal rausgucken.
F: Nein. Du bleibst hier drin!
C: Ich bin ganz weich und zart.
F: Ja, aber es darf niemand mitbekommen.
C: Doch. Ich möchte aber, dass es jemand sieht. Ich will raus!!!
F: Du hast jetzt so viele Jahre darum gekämpft, als starke Frau durchzugehen. Dieses weiche Ding lassen wir bitte hübsch drin!
C: Ich möchte raus.
F: Da gehst du kaputt.
C: Meinst du?
F: Du bist wie ein weiches Ei, das zerbricht.
C: Bin ich da zu sensibel?
F: Viel zu sensibel.
C: Ich will da mal rausgucken.
F: Du bist wie aus Glas. Du gehst da kaputt. Bleib da drin!
C: Aber das macht doch nix, wenn jemand sieht, dass ich aus Glas bin.
F: Doch. Das macht was. Dein ganzes Selbstbild geht kaputt.
C: Ohhhhh. Ich weiß.
F: Die Leute sehen Dich plötzlich als weiche und zerbrechliche Frau. Nein, nein, nein, nein, nein. Du bist stark und hart.
C: Ich will aber nicht immer stark und taff sein.
F: Ja, aber das Schicksal hat es für dich anders vorgesehen.
C zieht die Mundwinkel nach unten.

F (zählt auf): Karriere …
C: Ich bin beleidigt.
F: … Dramen, Tragödien. Da musst du durch alles durch. DU DARFST NICHT raus! Du musst da drin bleiben!
C: Ein bisschen?
F: Nein.
C: Manchmal?
F: Nein.
C wird wieder sie selbst und guckt die Klientin an.
C: Eben, wer weiß, was passiert, wenn das mal rauskommt ….?
Kl: Mhm …
Die Klientin grübelt.

Die Klientin schrieb uns ein paar Tage nach dem Coaching eine Mail, in der u.a. folgender Satz stand: ›Es war eine ganz schöne Achterbahnfahrt in mir. Tränen und Lachen, Trauer, Ärger, Ungeduld aber auch Zuversicht und die Klarheit, dass ich irgendwann wieder strahlen werde. Ihr schafft es mit Eurer Methode, eindrückliche Bilder entstehen zu lassen … Habt vielen Dank! Es arbeitet noch in mir, war ganz schön viel.‹

Beispiel 2:
Es geht um eine Klientin, die sich ihrer Ansicht nach zu wenig bewegt und dadurch immer dicker wird. Sie beschreibt in diesem Coaching immer wieder, dass die inneren Schweinehunde stärker sind als ihr Wille. Nachdem das Thema provokativ eingekreist wurde, entsteht folgendes Szenario mit zwei Schweinehunden, die sich über die Klientin unterhalten.

Die Klientin (K) beobachtet die Szene. Florian Schwartz (F) und Charlotte Cordes (C) werden zu Schweinehunden. Sie machen sich klein und buckelig und schmatzen und grunzen vor sich hin. Sie sprechen mit langsamer und tiefer Stimme.
C (Schweinehund 1): Aaah, ist das gemütlich!

F (Schweinehund 2): Jaaaa!
C: Voll gemütlich.
F: Jaaa …
C: Ich will gar nicht anders leben.
F: Mhm.
C: Aber K. hat immer so komische Ideen.
F: Jaaaa …
C: Das müssen wir ihr austreiben.
F: Unbedingt.
C: Wir müssen sie festhalten, dass sie hier bleibt und liegt und sitzt und frisst.
F: Ich mach mich eh schon ganz schwer.
C: Ich auch. Ich werde immer schwerer.
F: Ich werde eins mit dem Boden.
C: Ich auch …
Beide machen sich kleiner und schwerer und sprechen noch langsamer, fast wie in Zeitlupe.
F: Ich … bin … die … Schwerkraft.
C: Ich … auch.
Beide stöhnen vor sich hin.
C: Guck … mal, wir … sind … schon … zu … 500.
Beide lachen dreckig.
F: Die wollen alle gefüttert werden!
Wieder lachen beide dreckig.
C: K. kommt nicht durch mit ihren Ideen. Die hat eh keinen Bock. Die schafft das eh nicht. Die ist auch zu alt dafür.
F: Es schmeckt ihr doch alles so lecker.
C: Jaaaaa.
C (geht aus der Schweinehundrolle raus und spricht die Klientin wieder direkt an): So ist es in deinem Leben.

Die Klientin hat die ganze Zeit sehr aufmerksam zugehört und zugesehen, viel gelacht und genickt. Jetzt nickt sie auf die Behauptung von C.

Charlotte Cordes und Florian Schwartz spiegeln der Klientin auf absurde Weise ihre totale Ohnmacht den Schweinehunden gegenüber. Sie sind dabei innerlich neutral und zeigen ihr auf verschiedene Art und Weise auf, was sie alles mit sich und ihrem Körper anstellt. Ob sie danach die Entscheidung trifft, etwas zu verändern oder nicht, überlassen die beiden ganz und gar ihr. Den Beratern muss das egal sein. Wenn sie beispielsweise das Ziel hätten, dass die Klientin sportlicher wird, dann sollten sie nicht provokativ werden. Sie würde spüren, dass sie die Berater in eine bestimmte Richtung schieben und sie manipulieren wollen. Das ist beim provokativen Arbeiten ein No-Go. Ob Sie Coach, Therapeut o.ä. sind, Sie bleiben immer agendafrei. Wenn Sie merken, dass Sie nicht mehr neutral sind, dann werden Sie bitte nicht provokativ. Die innere Neutralität ist in der Regel beim bockigen Ehemann, den eigenen renitenten Kindern, einer nervigen Mitarbeiterin oder der anstrengenden Schwiegermutter nicht gegeben. Wir raten deshalb in diesen Fällen davon ab, zu coachen, vor allem nicht provokativ. Das geht meistens schief.

Wie kann ich die Figurenarbeit für mich üben?
Überlegen Sie sich, wer gerade eine wichtige Rolle in Ihrem Leben spielt. Nehmen Sie die erste Person, die Ihnen einfällt: Wie alt ist die Person? Welchen Beruf hat sie? Welche Eigenschaften hat sie? Wie bewegt sie sich? Laufen Sie als diese Person durch den Raum. Im ersten Schritt noch ohne Worte, um sich in die Person hineinzuversetzen. Im nächsten Schritt bleiben Sie stehen und entwickeln einen improvisierten Monolog ganz spontan und improvisiert, was diese Person gerade beschäftigen, was sie fühlen, was sie denken könnte.

Vielleicht kommen Sie sich am Anfang komisch vor, wenn Sie so etwas machen. Alles, was ungewöhnlich ist, fühlt sich erst einmal komisch an. Aber: Wenn Sie nichts Neues mehr ausprobieren, lernen Sie nichts mehr dazu. Wenn Sie also Lust darauf haben, probie-

ren Sie es aus, auch wenn Sie gelernt haben, dass Sie sich als Coach oder Therapeut im klassischen Sinn anders verhalten sollten.
Sie können auch mal einen Improkurs besuchen. Dort dürfen Sie viele neue Dinge in einer Gruppe testen und bekommen gleichzeitig die Philosophie vermittelt, die dahintersteckt. Gute Improtrainerinnen sollten Ihnen dabei keinen Druck machen, sondern Sie eher beflügeln und zu Höchstformen auflaufen lassen, indem sie Ihnen die Grundregeln dieser Theaterform vermitteln.[10]

Aufbauend auf den Rahmenbedingungen kommen wir jetzt zu den Bausteinen der Provokativen Szenenarbeit: Scene Painting, Perspektivwechsel, Zeitsprünge, ›Was wäre, wenn…‹ - Szenarien, Innere Monologe/Diaologe und Musik.

Die Bausteine

Scene Painting

Eine Möglichkeit, intensive Atmosphären zu kreieren, die bei Klientinnen Emotionen auslösen, ist das sogenannte ›Scene Painting‹ – frei übersetzt das ›Malen von Szenen‹. Der Begriff wird oft im Improvisationstheater verwendet, das völlig ohne Bühnenbild auskommen kann. Umso mehr Macht hat das Wort. Aus diesem Grund eröffnen die Spieler auf der Improbühne die Szene gelegentlich mit einer Form der Kulissenmalerei – ähnlich wie in Prologen oder Monologen zu Shakespeares Zeiten, die stark von der Wortkulisse lebten, um ganze Schlachten ausschließlich über das gesprochene Wort herzustellen, ohne dass ein Heer an Soldaten aufmarschieren musste. Ziel ist es auch hier, rein über die verbale Beschreibung die Fantasie der Zuschauerinnen zu beflügeln, um dadurch Illusion zu erzeugen. Dabei wird detailreich beschrieben, wo und zu welcher Tages- und Jahreszeit Szenen spielen, wie Räume ausgestattet sind, welche Farben und Gerüche wahrnehmbar sind, welche Stimmung herrscht und wie es sich anfühlt, um so den inneren Blick des Zuschauers wie beim Heranzoomen in einem Kinofilm zu lenken. Alles besteht natürlich in reinen improvisierten Behauptungen: »Es ist später Abend – Hier steht ein Tisch, daneben ein Schaukelstuhl – Darin sitzt ein alter Mann, der ein Buch liest – Im Hintergrund tickt eine alte Standuhr – Wir hören das Knistern des Feuers im Kamin – Die Stube ist erfüllt vom Duft frisch gebackener Plätzchen«, usw.

In der Provokativen Szenenarbeit ist dies nicht anders: Sie beschreiben als Coachin oder Therapeut ausführlich Räume, Landschaften, Stimmungen, Orte, Klänge oder Gerüche, die im Gespräch auftauchen und entwerfen wie ein Maler Pinselstrich für Pinselstrich ein lebendiges Gemälde. Im zweiten Schritt können Sie anfangen, dieses Szenario im provokativen Sinne zu überzeichnen und zu karikieren. Wenn Sie beispielsweise ein Problem mit Unordnung haben, dann können Sie im Detail schildern, wie die Messie-Wohnung in naher Zukunft aussehen wird. Man kann solche Szenenmalereien immer wieder in Coachings einfügen, wenn es darum geht, ein Bild, das im Gesprächsverlauf vielleicht gerade auftaucht, noch plastischer zu machen, zu verstärken und zu überzeichnen. Verbale Visualisierungen machen Situationen eindrücklicher und bleiben so länger bei den Klienten haften. Diese ›Scene Paintings‹ eignen sich als Einstieg in ein improvisiertes Szenenelement im Coaching, können aber auch für sich stehen.

Die beschriebenen Räume oder Orte können dabei real sein, d.h. Räume, in denen die Klientinnen leben oder gelebt haben (Jugend- oder Kinderzimmer, Wohnzimmer, Hobbyraum etc.), Orte, wo sie schon einmal waren (Paris, ein Marktplatz, ein Urlaubsland etc.). Wenn ein solcher Raum oder Ort im Gespräch auftaucht und eine Bedeutung für die Klienten zu haben scheint, dann nutzen Sie das als Coach und lassen Sie ihn wiederaufleben. Gerne auch mit den Klientinnen gemeinsam.

Sie gehen beispielsweise mit dem Klienten imaginär in ein Zimmer hinein und stellen Fragen dazu: ›Wenn wir uns nach rechts drehen, was sehen wir?‹ Dann lassen Sie Ihr Gegenüber beschreiben, was er oder sie sieht. Das Gleiche machen Sie mit allen Seiten des Raumes. Greifen Sie immer wieder nach imaginären Gegenständen (z. B. unter dem Kopfkissen oder in einer Schublade) und fragen Sie: ›Was ist das?‹ Meist fällt den Klientinnen sofort etwas ein oder eine Erinnerung kommt hoch. Ist dies nicht der Fall, greifen Sie an anderer Stelle nach einem neuen Gegenstand und fragen sie erneut. Schon die Art und Weise, wie Sie den Gegenstand halten (ob nur mit Daumen und Zeigefinger oder mit ausgebreiteten Armen und Händen) kann für die Klienten inspirierend sein. Charlotte Cordes hob so beispielsweise einmal ein imaginäres Kopfkissen vom Bett hoch und fragte: ›Was liegt darunter?‹ Die Klientin sagte lachend: ›Mein Hund. Ein Golden Retriever, der immer verbotenerweise in mein Bett kam.‹ Dann erzählte sie, was der Hund damals für eine

große Bedeutung in ihrem Leben gehabt hatte. Es kommen oft sehr spannende Geschichten dabei heraus. Wenn negative Gefühle oder Erinnerungen hochkommen, gibt es viele Möglichkeiten, damit umzugehen. Entweder man sucht sich einen positiv besetzten Gegenstand oder Ort in dem Raum und fokussiert sich erstmal auf diesen. Man kann aber auch den Raum wechseln und den negativ belegten Ort ganz ausblenden oder begraben lassen. Es ist auch möglich, sich mit den negativen Emotionen und dem Thema dahinter zu befassen (die schrecklichen Eltern, Geschwister etc.). Auch hier gilt: Bleiben Sie humorvoll provokativ. Wichtig ist, dass Sie die Klienten im gesamten Prozess aufmerksam im Fokus behalten, um zu bemerken, wie sie reagieren. Leider gibt es auch hier kein Patentrezept, was Sie in jeder möglichen Situation tun sollten. Die Vorgehensweise ist wie der klassische Provokative Ansatz, der ihm zugrunde liegt – sehr anarchisch. Hangeln Sie sich von Augenblick und Augenblick und haben Sie dabei immer alle Antennen auf Empfang.
Räume oder Orte können auch nicht real existent, sondern frei erfunden sein. Sie können solche Räume mit allen Sinnen vor den Augen und Ohren der Klienten entstehen lassen. Improvisieren Sie. Nutzen Sie Räume und Orte, die Sie kennen, oder lassen Sie sich von Büchern, Serien, Podcasts und Filmen inspirieren, um Ihre Beschreibung anzureichern. Stellen Sie sich vor, Sie sind ein detailverliebter und epischer Geschichtenerzähler. Nutzen Sie alles, was Ihnen einfällt.

Beispiel 1:
Eine szenische Schilderung gegen Ende eines Coachings
›Wir sehen eine wunderschöne Landschaft. Eine Ebene. Mit ein paar Bäumen, ein paar Sträuchern, mit Blick in eine ewig große Weite. Auf dem Boden steht im hohen Gras ein Gedenkstein an das Paar (Anmerkung: Das Paar, das wir in dem Fall coachen), deren Asche irgendwo verstreut herumliegt. Auf dem Gedenkstein stehen Geburts- und Todesdaten. Zwei Mitfünfziger kommen auf die Wiese geschritten. Die

beiden Kinder des Paares. Die Geschwister stehen auf dieser Ebene und wissen: Hier irgendwo liegt verstreut die Asche ihrer Eltern und beide erinnern sich.‹

Beispiel 2:
Das ›Scene Painting‹ entsteht, indem eine Klientin (Kl) ›gemalt‹ bzw. überzeichnet wird. Charlotte Cordes (C) und Florian Schwartz (F) tun das dieses Mal im Dialog. Auch das ist möglich.
C: Ich stelle mir gerade vor, wie du in zehn Jahren aussiehst, wenn du genervt bist vom Genervtsein.
Kl: Wahrscheinlich verbittert.
C: Genau. Die Mundwinkel gehen nach unten.
F (beschreibt die Klientin): Das Haar ist ganz struppig, zerzauselt.
C (spielt die Klientin. Sie zieht die Mundwinkel nach unten und sagt): Du hast Falten auf der Oberlippe, so verkniffene Falten, weil du den Mund immer so zusammenkneifst. Die Augen sind eher Schlitze.
F: Die Schwerkraft zieht alle Körperteile nach unten.
C (macht das wieder vor und sagt): Der Busen hängt bis zum Knie.
F: Der ganze Körper ist aufgequollen vom ganzen Frustessen.
C bläst die Backen auf und macht sich ganz dick.
C (sagt zur Klientin): Ach genau. Du hast zugenommen.
F: Genau. 30 Kilogramm.
C (an die Klientin gewandt): Das ist Deine Perspektive, wenn du dich weiter so ärgerst. Und du bist wahrscheinlich nicht in der Lage, das abzustellen. Das geht mit über 30 nicht mehr.
Die Klientin lacht.

Ergänzung: Wenn Sie ein Instrument spielen, können Sie die Musik zusätzlich als Szenenuntermalung nutzen, ganz im Sinne eines akustischen ›Scene Paintings‹. Spielen Sie eine Szene vor, die entweder sehr langsam oder sehr schnell funktionieren soll. Die Musik kann das Tempo entsprechend steuern. So bekommen Faultiere, innere Schweinehunde, Schnecken oder Zeitlupen-Gespräche durch die Musik ebenso viel Gewicht, wie hektische, hysterische oder völlig überdrehte Zeitraffer-Szenen. Aber auch Landschaften, Räume, Arbeitsplätze, Naturstimmungen, Tages- und Jahreszeiten sowie diverse ›Was wäre wenn‹-Szenarien werden dadurch sehr plastisch.

Wie kann ich Scene Painting für mich üben?

Eine Übung, um das ›Scene Painting‹ für sich selbst auszuprobieren ist folgende:

Blicken Sie durch den Raum, in dem Sie gerade sitzen und beschreiben Sie ihn in seiner Ausstattung mit allen Gegenständen, die Sie sehen. Integrieren Sie auch Gerüche und Gefühle, die Ihnen spontan dazu einfallen. Picken Sie sich gezielt einen Gegenstand heraus und schmücken Sie bis ins kleinste Detail aus, was Sie sehen, welche Farbe und welche Form er hat. Erinnern Sie sich daran, wie lange Sie ihn schon haben, wo Sie ihn herhaben und welche Bedeutung er für Sie hat. Erinnern Sie sich an seine Geschichte und lassen Sie sie aufleben. Sie können auch eine Geschichte dazu erfinden. Das geht übrigens auch Online – mit Klienten (wenn sie keinen Green Screen Hintergrund eingestellt haben). Lassen Sie die Klientinnen den Raum beschreiben, in dem sie gerade sitzen und machen Sie auf einzelne Gegenstände (Kaffeetasse auf dem Schreibtisch, Bild an der Wand, herumliegender Bleistift etc.) aufmerksam, deren Geschichte die Klienten erzählen sollen. Auch der Blick aus dem Fenster kann für das Training des ›Scene Paintings‹ inspirierend sein. Sie können dabei als Coachin immer wieder nachfragen und unterstützen.

Perspektivwechsel

Klienten stecken oft in einer negativen Einbahnstraßen-Perspektive fest. Der Provokative Ansatz versucht, den Tunnelblick zu durchbrechen und den Klientinnen zu zeigen, dass sie auch mal nach links, rechts, oben oder unten gucken können, um dort andere Möglichkeiten für sich zu finden als die immer gleiche, die ihnen schadet.
Überlegen Sie sich, aus welchen Perspektiven das jeweilige Thema noch betrachtet werden könnte.

Perspektivwechsel sind möglich aus der Sicht von:

- Personen (Mutter, Vater, Kollegin, Partner, Kind, Oma, Chef, Nachbarin etc.)
- Tieren (Haustier, Stallbewohner, Zootiere, Vögel im Park, Insekt etc.)
- Gegenständen oder Dingen (Unterhosen, Tischlampe, Zimmerpflanze, Spielzeug etc.)
- völlig abstrakten Blickwinkeln (zwei Gehirnzellen unterhalten sich, Bauch und Kopf führen einen Dialog, die personifizierte Ungeduld meldet sich zu Wort etc.)

Schlüpfen Sie als Coach in die jeweilige Rolle der Perspektive, die Sie spontan im Gespräch auswählen (sie kann auch immer wieder wechseln, lassen Sie sich von Ihrer Intuition leiten). Sprechen Sie aus, was eine auftauchende Person, ein Haustier oder ein Gegenstand (die Zimmerpflanze, die Deckenlampe, der Stift) auf die jeweilige Situation bezogen denken oder fühlen könnte. Führen Sie aus dieser Perspektive absurde Monologe oder Dialoge und überzeichnen Sie das Thema im Sinne des LKWs (Liebevolles Karikieren des Weltbildes der Klienten). Diese humorvollen Perspektivwechsel ermöglichen den Klientinnen, ihr eigenes Problem nicht nur rational, sondern auch emotional aus anderen Blickwinkeln zu betrachten. Das kann die Distanz zum eigenen Problem vergrößern, die entspannte Haltung fördern und den einseitigen starren Problemtrance-Tunnelblick in andere Richtungen lenken. Denn: Alles ist besser als die immer gleiche ›Ja, aber‹-Sicht beizubehalten, die die Klienten in der Regel auf ihre geliebten und gewohnten Probleme haben.

Beispiel 1:
Ein Klient, Mitte 40, hat einen Rosenkrieg mit seiner Exfrau. Sie kommunizieren nur noch über Anwälte. Charlotte Cordes und Florian Schwartz wechseln die Perspektive und spielen die beiden Anwälte, die sich mit den beiden Streithälsen eine goldene Nase verdienen.

C (Charlotte Cordes, spielt die Anwältin der Frau): Oh, ich sag's dir, ich hab schon wieder ein Schreiben bekommen, es ist der Wahnsinn.
F (Florian Schwartz, spielt den Anwalt des Mannes): Ich meine, ich verdiene massig Kohle damit. Ich hoffe, dass sie sich die nächsten 30 Jahre gegenseitig noch weiter angiften.
C: Das wäre gut für uns.
F: Ja.
C: Man muss das ein bisschen pushen.
F: Jaaa, das wäre gut.
C: Geil. Wir formulieren um.
F und C schreiben beide sehr euphorisch und emsig Dinge auf.
F: ›Unterlass das, du Arsch!‹ Genau. Ach nein ›Unterlass das bitte, du Noch-Frau, du!‹
C: ›Drecksack!‹ hab ich geschrieben.
F: Ich habe schon meine Reise in die Karibik gebucht. Ich verdiene massig Geld mit den beiden. Das ist sensationell.
C: Ich auch.
F: Das ist unglaublich.
Die beiden Anwälte geben sich ein High Five.
C: Wir sollten irgendwie öfter zusammenarbeiten. Hast du noch mehr solche Klienten, die sich so …?

F: Na gut, ich meine, die beiden reichen ja wohl gerade.
C: Reicht. Finde ich auch.
F: Die liefern Stoff und Futter für die nächsten 30 Jahre.
C: Give me five!!!
Die Anwälte schlagen ein.
F: Da ist echt was schiefgelaufen bei denen.
Der Klient lacht laut.

Beispiel 2:
Ein Paar. Er knapp über 40, sie Mitte 30. Das Problem: Er ärgert sich darüber, dass sie nicht so intensiv mit dem gemeinsamen Sohn (4) spielt, wie er sich das vorstellt. Florian Schwartz und Charlotte Cordes spielen zwei Playmobilmännchen, die Angst davor haben, dass die Frau des Paares wieder kommt, um mit ihnen zu ›spielen‹. Die beiden Playmobilmännchen haben den Blick nach oben gerichtet, in Erwartung, was da so kommen mag.

Florian Schwartz (F): Oh Gott, gleich kommt sie. Gleich ist sie wieder da. Sie versucht, nach uns zu greifen.
Charlotte Cordes (C): Aber sie ist immer so grob.
F: Ahhhh …
C: Sie guckt auch immer woanders hin.
F: Sie hat keine Feinmotorik.
C und F (knallen mit den Köpfen aneinander): Aaaahhhhh!
Die Frau lacht laut.
C: Oh Gott!
F stöhnt.
C: Scheiße!
F (mit Blick nach oben): Auch Spielzeug hat Gefühle!!! Ja???
C (weinerlich): Ich hab Kopfschmerzen.
F: Ich jetzt auch.
C: Wann kommt endlich wieder der Mann? Der macht das viel sensibler.
F: Ja, der spielt so emotional.

C und F rufen laut nach dem Mann. Sie rufen seinen Namen. Er kommt nicht. Stattdessen kommt sie.
F: Oh Gott. Sie kommt wieder!!!
C: Oh nein, nein, nein!!
F: Nein!
C: Au, mein Arm!!!
C winkelt den Arm ab, als wäre er abgebrochen.
F (entsetzt): Sie hat dir den Arm abgebrochen! Bei mir bröselt auch schon der Lack ab hier. Die hat einfach keine Feinmotorik, was Spielsachen betrifft.
C: Nee. Die hat glaube ich einfach keinen Bock auf uns.
F: Warum sind wir nur Legofiguren geworden?
C: Ich weiß es nicht. Keine Ahnung.
Beide fangen an zu weinen.
Beide rufen weinend nach dem Mann: Rette uns!!!! Bitte spiel mit uns!!!
Weil der Mann nicht kommt, rufen C und F jetzt nach dem Kind. Alles ist besser als die Frau. Es kommt niemand.
C und F gucken sich um.
C: Sie sind weg. Sie haben uns hier vergessen. Sie haben uns nicht mehr in die Kisten gepackt.
F: Sie haben uns nicht in die Kisten gepackt.
C: Lass uns schnell im Sand eingraben, dass sie uns nicht mehr finden.
F: Oh ja.
C: Mit einem Arm geht das auch.
C fängt an zu graben. F gräbt auch. Sie werfen Sand über sich.
C (wendet sich an das Paar): Könnte das ungefähr so ablaufen?
Beide nicken.

Wie kann ich die Perspektivwechsel für mich üben?

Nehmen Sie sich einen kurzen beliebigen Artikel aus einer Tageszeitung vor. Lesen Sie ihn durch. Überlegen Sie, welche Perspektiven man noch in Worte fassen könnte. Geht es beispielsweise um Angela Merkel, die mit einem anderen Politiker im Bundestag spricht, kann man sich überlegen, was der Tisch wohl denkt, auf dem Angela Merkel ihre Hände aufgestützt hat, was die Krawatte des Gesprächspartners fühlt oder wie die Neonleuchten an der Decke über die Situation reflektieren, wenn sie das Ganze von oben betrachten. Erweitern Sie Ihren Geist, indem Sie solche Übungen machen. Das kann helfen, sich auch absurde Perspektivwechsel im Coaching einfallen zu lassen.

Sie können es auch in Bezug auf ihr eigenes Leben üben: Überlegen Sie sich ein Ereignis aus der Kindheit, das Ihnen als erstes einfällt (z.B. erster Schultag, Schwimmen lernen, Umzug etc.). Überlegen Sie nun: Wer war damals noch dabei? Welche typischen Eigenschaften hatten diese Personen? Wie sah es dort aus? Und jetzt brainstormen Sie über verschiedene Perspektiven. Beispiel: Erster Schultag, die Eltern waren dabei (Vater streng, Mutter aufgeregt), kleiner Bruder (nervig), die Schultüte war rosa und schwer, die Sonne schien, die Aula hatte einen Steinboden. Mögliche Perspektiven: Sicht des Vaters, der Mutter, des Bruders, der Schultüte, der Sonne, des Bodens. Was könnten diese Personen und Gegenstände denken und fühlen? Sprechen Sie alles aus, was Ihnen einfällt. Es gibt dabei wie immer kein richtig oder falsch, sondern nur unendlich viele Möglichkeiten. Zensieren Sie sich nicht, sondern spinnen Sie wild drauflos. Im Provokativen Coaching ist Zensur kontraproduktiv. Sie blockiert den Coach. ›Hauen Sie raus‹, was geht und bleiben Sie nonverbal wohlwollend. Vertrauen Sie darauf, dass die Klienten in ihrem Sortierungsprozess aus dieser Art der Arbeit für sich das rausziehen, was ihnen hilft.

Zeitsprünge

Beim Thema Zeitsprünge verschiebt man das jeweilige Problem in die Zukunft oder in die Vergangenheit und inszeniert es dort in anderen Umfeldern. Die Zeitsprünge können entlang der persönlichen Timeline der Klienten stattfinden (in einer Woche, in fünf Jahren, in 20 Jahren, als Kind, als Jugendlicher, als Baby) oder auch über die

Lebensdauer hinaus abstruse Dimensionen einnehmen: Wie ist es nach dem Tod? Wie war es vor der Geburt? Was wird auf dem Grabstein stehen, wenn der Klient einmal gestorben ist? Was ist, wenn die Klientin in 100 Jahren auf der Wolke sitzt und auf ihre Urenkel hinunterblickt, die gerade ein Foto von ihr betrachten? Wie war es, als sich Sperma und Eizelle vereinigt haben, um den Klienten zu schaffen? Oder noch absurder: Was ist in einer Million Jahren in der Zukunft? Wie denkt in dieser fernen Zukunft das letzte Genteilchen der Nachfahren in der Erinnerung an das Thema? Welche Artefakte aus der Gegenwart werden in tausend Jahren bei Ausgrabungen entdeckt? Was könnte vor zehntausend Jahren in der Vergangenheit bereits ein erster Auslöser für das Problem gewesen sein?
Sie können natürlich in den Zeitsprüngen auch Scene Paintings und Perspektivwechsel integrieren. Lassen Sie Ihrer Kreativität freien Lauf.

Ein Beispiel für ein Zukunfszenario:
Der Klient (Kl) ist ein sehr rationaler Mensch, dem häufig Empathielosigkeit vorgeworfen wird. Emotionen sind nicht sein primärer Zugang zur Welt. Wir beschreiben ihm eine Zukunft mit einer ebenso rationalen und empathielosen Frau an seiner Seite.
C (Charlotte Cordes) spielt die Frau, F (Florian Schwartz) den Mann.
Beide sitzen wie zwei Roboter nebeneinander, völlig emotionslos und gucken nach oben. Die ganze Zeit. Sie bewegen sich nicht.

C monoton: SCHATZ, ICH LIEBE DICH.
F genauso monoton: JA, ICH LIEBE DICH AUCH. DAS SAGT MAN GLAUBE ICH SO.
C: JA, DAS SAGT DER EMPATHIECOACH ›ICH LIEBE DICH‹.
F: MEIN EMPATHIECOACH SAGT …
F guckt auf einen Spickzettel.
F: DU SIEHST GUT AUS.
C: ICH GLAUBE, ICH MUSS JETZT DANKE SAGEN, ODER?
F: JA.

C: DANKE.
F: BITTE.
C: ES FREUT MICH TIERISCH.
Kl lacht.
F: ICH FREU MICH IMMER, WENN DICH WAS TIERISCH FREUT.
C: MHM.
F: ICH BIN EIN BEGEISTERUNGSFÄHIGER MENSCH.
C: ICH BIN AUCH TOTAL EUPHORISCH, GERADE JETZT VOR ALLEM.
F: JA.
C nickt.
F: ICH HABE GERNE GEFÜHLE, DIE PASSEN.
C: ICH AUCH. ICH FINDE ES TOTAL SCHÖN. ICH HABE ENDLICH DIE BEZIEHUNG GEFUNDEN, DIE ICH IMMER GESUCHT HABE.
F: ICH AUCH. JUHU. DA HABEN WIR EINE GEMEINSAMKEIT.
C: JIPPI.
F: YEAH.
Der Klient lacht.
C: HURRA!
C (an Kl): Wäre doch auch eine Idee, oder?
Der Klient macht die Daumen hoch. Alle lachen.
Kl: Super!
C: Immer dieses ganze Emotionszeug. Ist doch grauenvoll.
Kl (lachend): Braucht keiner.

Die Wirkung von Zukunftsszenarien auf Klienten kann enorm sein. Die Vorstellung, das Problem noch in vielen Jahren zu haben, vielleicht sogar schlimmer als jetzt, ist für die meisten nicht erstrebenswert, sondern eine Horrorvorstellung, die zum Widerstand dagegen anregt.

Wie kann ich Zeitsprünge für mich üben?

Eine Möglichkeit besteht darin, sich Folgendes zu überlegen: Welche Person hat im Moment in Ihrem Leben eine Bedeutung? Nehmen Sie die erste, die Ihnen einfällt (Partner, Kinder, Eltern, Chef,

Kollege etc.). Denken Sie darüber nach, wer diese Person ist, welche Eigenschaften sie hat, warum Sie sie mögen, was an ihr nervt, usw. Dann springen Sie in die Vergangenheit. Wann haben Sie die Person kennengelernt? Wie war das? Als nächstes begeben Sie sich in die Zukunft und erfinden ausgehend von Ihren Überlegungen eine überzeichnete Zukunftsgeschichte mit Ihnen und dieser Person. Auch hier gilt wieder: Je verrückter desto besser. Es gibt keine falsche Geschichte.
Eine weitere Möglichkeit ist folgende: Überlegen Sie sich, was Sie gerade beschäftigt. Dann gehen Sie verschiedene Stadien durch. Was passiert, wenn Sie dieses Thema immer noch in 50 Jahren beschäftigt? In fünf Monaten? Was war damit kurz nach der Geburt? Als Kind? Lassen Sie Ihrer Fantasie freien Lauf.

Was wäre, wenn …

Eine Variation zu Perspektivwechsel und Zeitsprüngen ist die Möglichkeit, ›Was wäre, wenn…‹-Szenarien zu entwickeln. Diese Szenarien können in der Vergangenheit liegen (›Was wäre, wenn… Sie damals anders entschieden hätten‹) oder in der Zukunft (Was wäre, wenn es richtig schrecklich wird, wenn Sie so weitermachen? Oder: Was wäre, wenn es super wird, wenn Sie so weitermachen?). Diese Szenarien können auch vor der Geburt oder nach dem Tod angesiedelt sein, ähnlich wie bei den Zeitsprüngen. Ebenso können sie auch eine gegenwärtige Situation persiflieren. Sie spielen den Klienten beispielsweise zunächst den überspitzten ›Worst Case‹ vor (Mord und Totschlag, Weltuntergang, Endzeitstimmung, Apokalypse) und bieten je nach Reaktion und Bedarf im Gegenzug auch ›Best Case‹-Szenarien an (heile Operettenwelt, hollywoodreifes Happy-End mit Einhörnern und Regenbogen, alle haben sich schrecklich lieb). Um den moralischen Zeigefinger zu verhindern, werden die jeweiligen Szenenverläufe auch hier maßlos überzeichnet und karikiert. Je extremer das ›Was wäre, wenn…‹-Szenario ausfällt, desto eher fangen die Klienten an, zu relativieren.

Ein Beispiel:
Die Klientin beschwert sich, dass ihr Freund sich zu wenig für sie interessiert. Charlotte Cordes und Florian Schwartz spielen zwei verschiedene ›Was wäre, wenn‹-Szenarien.
Im ersten hat der Freund seinen Job gekündigt und kümmert sich ausschließlich und nur noch um seine Freundin. In der zweiten Variation passiert das Gegenteil: Keiner der beiden hat mehr Zeit für den anderen. Nie. Die Reaktionen der Klientin sind sehr eindrücklich.

Variante 1:
F (glücklich): Hach, ich habe meinen Job gekündigt.
C (freudig): Oooooh.
F (fröhlich): Die totale Abhängigkeit von dir.
C (leicht verkrampft): Oh wie toll!
F (freudig): Ich bin rund um die Uhr für dich da.
C (mit etwas gestelztem Lächeln): Oh mein Gott!
F gibt ihr eine Rückenmassage und eine Fußmassage.
C (guckt irritiert): Hmm. Vielleicht hätte ich doch bei meinem alten Freund bleiben sollen.
F: Nein, Schatz. Du kriegst von mir die totale, die absolute, die vollkommene Aufmerksamkeit
F fängt an, zu singen und ein Lied am Klavier zu improvisieren.

Ich schau dich sogar an, wenn du schläfst.
Ich beobachte dich Tag und Nacht.

C kriegt immer mehr die Krise, je länger das Lied dauert.
Die Klientin lächelt die ganze Zeit.

Mein ganzes Leben dreht sich nur um dich.
Ich vergesse dabei völlig mich.

C schlägt die Hände vors Gesicht.

Du hast mich einfach um den Verstand gebracht.
Bist mein einziger Gedanke bei Tag und Nacht.
Oh ja, du hast es vollbracht.
Die totale Abhängigkeit,

C schluckt.

Die schenk ich dir.

Musik faded aus.

C (an die Klientin): Das wäre toll, oder?

Die Klientin schüttelt angewidert den Kopf.

Alle lachen.

C: Du willst was dazwischen. Du willst so was nicht, aber Du willst es auch nicht so wie dein Freund sich gerade benimmt.

Kl: Genau. An und für sich bin ich schon ein Schwarz-Weiß-Typ, aber da brauche ich mal grau.

C: Da hast du auch die Vorstellung ›Jetzt brauche ich grau!‹

Kl (lächelt): Genau.

C: Wir sehen mal eine andere Variante

Variante 2:

C sitzt und tippt in den imaginären Rechner.

F: Schatz, du arbeitest zu viel heute. Wir könnten doch mal rausgehen heute Abend. Ins Kino oder zum Essen.

C: Gute Idee. Machen wir. Ich höre sofort auf.

F: Nicht zu lange. Ich muss morgen früh raus. Du weißt … aber wenigstens zwei Stunden Paarzeit könnten wir uns gönnen.

C: Ok. Gut.

C (gibt die Regieanweisung): Ein Tag später.

C sitzt und tippt wieder.

F: Schatz, ich hätte heute zehn Minuten Zeit. Du weißt, ich bin sehr eingespannt, aber ich möchte, dass diese zehn Minuten richtig geil werden.

C: O.k.

F: Und Du weißt, was passiert, wenn ich richtig geil werde.

C: Das weiß ich. Ja.

F: Das schaffe ich auch in zehn Minuten, Schatz. Aber diese zehn Minuten gehören heute ausnahmsweise dir.

C: O.k. um 18:15 Uhr?

F: 18:15 bis 18:25.

C: Gut, machen wir. Bis gleich.
F: Bis gleich. Drüben im Esszimmer.
Die beiden geben sich die Hände.
C (an Kl): So was eher?
Die Klientin lacht sich kaputt.
Die Kl hat offensichtlich sortiert. Sie stöhnt und sagt: Das ist echt furchtbar. Ich merke, dass ich eigentlich gar nicht weiß, was ich will.

Manchmal ist es auch völlig ausreichend, einfach nur ein Horrorszenario zu bestimmten Themen zu entwickeln.

Folgendes Beispiel zeigt das sehr deutlich:
Charlotte Cordes führt mit einer Seminarteilnehmerin, die unter starker Flugangst leidet, ein Live-Coaching durch, mit nachhaltigen Auswirkungen.

Die Teilnehmerin war zum Seminar mit dem Flugzeug angereist, hatte aber auf dem ganzen Hinflug Schweißausbrüche. Sie meldete sich für ein Live-Coaching im Workshop und thematisierte dort ihre Flugangst. C arbeitete eine viertel Stunde provokativ mit ihr und riet ausführlich davon ab, jemals wieder in so eine Höllenmaschine zu steigen. C zählte alle Gefahren auf, die das Fliegen mit sich bringt und beschrieb der Klientin ausführlich, wie es sein würde, wenn sie auf dem Rückflug abstürzen würde, am besten über dem Meer. Sie würde auf dem Wasser aufschlagen und nicht gleich sterben, sondern noch lebend, mit einem abgerissenen Bein und halb verblutend im Meer herumtreiben. Überall würden weitere halbtote Menschen und Leichenteile um sie herum schwimmen. Außerdem kämen die Haie, die das Blut rochen, immer näher und würden anfangen, die Menschenreste, ob tot oder lebendig, aufzufressen.

Die Teilnehmerin fand diese Vorstellung eklig und reagierte angewidert. Sie sagte abwechselnd: ›Oh Gott, Oh nein!‹ oder ›Igitt!‹ Trotzdem lachte sie immer wieder bei dieser krassen und übertrieben detailreichen Schilderung. Als sie einen Tag später heil zu Hause gelandet war, schrieb sie C eine Mail, in der sie erzählte, dass die Schilderungen bewirkt hätten, dass sie völlig entspannt zurückgeflogen sei. Keine Panik und auch keinen Schweißausbruch im Flugzeug. Ein paar Monate später traf C die Klientin wieder, die berichtete, dass das Gefühl der Entspannung beim Fliegen angehalten hatte. Sie liebe Fliegen zwar immer noch nicht, aber sie könne es ohne große Aufregung meistern.

Diese Klientin ist kein Einzelfall. Unsere Theorie dahinter: Wenn man provokativ arbeitet, spricht man jene Gedanken aus, von denen man glaubt, dass Klientinnen diese oder ähnliche schon hatten und übertreibt sie ganz extrem. Wenn jemand Flugangst hat, ist es sehr wahrscheinlich, dass er oder sie vor jedem Flug Horrorvorstellungen im Kopf hat, die ähnlich wie die von C geschilderten Szenarien sind, nur ohne die detailreichen Überzeichnungen, die C mit anführt. Durch das Aussprechen dieser schrecklichen Bilder fühlen sich die Klienten verstanden und durch die Übertreibungen können sie darüber auch lachen. Das entspannt sie und relativiert ihre eigenen Ängste.

Zuschauende Seminarteilnehmerinnen sind oft geschockt von solchen Horroszenarien. Es kommen dann Rückmeldungen wie: Das kann man doch nicht machen! Warum so negative, krasse Bilder? Auf den ersten Blick wirkt das tatsächlich so. Allerdings sind die Rückmeldungen der Klienten dazu konträr. Wenn der Gute Draht gehalten und die innere Haltung der Coaches und Therapeuten zutrauend und wohlwollend ist, bewirken diese extremen Bilder das genaue Gegenteil des Außeneindrucks: Die Klientinnen fühlen sich verstanden und sehen die Absurdität ihres eigenen Verhaltens. Es weckt ihren emotionalen Widerstand nach dem Motto: Das will ich so nicht mehr!

Wie kann ich ›Was wäre, wenn …‹ für mich üben?
Überlegen Sie sich ein Ereignis, das ihr Leben verändert hat (z.B. die Hochzeit mit ihrem Partner/ihrer Partnerin, die Geburt ihres Kindes, der erste Job, ein Karrieresprung, der Auszug von zu Hause etc.). Dann erschaffen Sie ›Was wäre, wenn Szenarien‹ zu diesem Thema: Was wäre, wenn ich statt meiner Frau meine erste Liebe geheiratet hätte? Was wäre, wenn ich keine Kinder bekommen hätte? Was wäre, wenn ich etwas völlig anderes studiert und dadurch auch andere Jobs bekommen hätte? usw. Damit trainieren Sie die Möglichkeiten Ihres Gehirns. Sie müssen dabei nicht realistisch bleiben, sondern können Ihren Träumen und Fantasien freien Lauf lassen. Das Entwerfen nach Best- und Worst-Case-Szenarien kann Ihnen dabei helfen, Ihre Schilderungen zu überzeichnen. Was wäre in diesem Zusammenhang das schmalzigste Happy End aller Zeiten? Was wäre das Nonplusultra-Katastrophen-Szenario?

Innere Dialoge und Monologe

Ist ein Klient oder eine Klientin sauer, glücklich, verwirrt, verängstigt oder voller Selbstzweifel, spricht man – wie bereits erwähnt – als Provokativer Coach unzensiert jene Gedanken aus, von denen man denkt, dass er oder sie dies bereits selbst gedacht haben könnte oder möglicherweise noch haben wird: ›Ich bin so geladen. Mein Chef ist so ein Volltrottel. Ich würde ihm das gerne ins Gesicht sagen, aber das geht ja nicht. Ich bin ja auch so ein lieber angepasster Kerl und wohlerzogen. Ich darf mich nicht wehren, auch wenn ich fast platze gerade‹, o.ä. Die exakten Gedanken können wir natürlich nicht wissen, aber wenn wir auf die Körpersprache achten und der Intuition folgen, sind die Treffer meist sehr hoch. Greifen Sie die Stimmung auf, fassen Sie sie in Worte und karikieren Sie diese provokativ. Szenisch bieten sich Monologe oder innere Dialoge an. Das geht sowohl alleine, als auch zu zweit.

Beispiel 1:
Ein Paar. Die beiden sind ziemlich emotional und haben sich gerade im Coaching total gezofft. Sie weint, er ist ganz still.
Charlotte Cordes fasst die Gedanken der Frau in Worte, Florian Schwartz die des Mannes.

Ihre Gedanken: ›So ein Arsch. Ich lasse mich scheiden. Der regt mich so auf!‹
Seine Gedanken: ›Ich weiß nicht, was ich tun soll. Ich bin überfordert!‹
Ihre Gedanken: ›Oh mein Gott, er sieht aus wie ein begossener Pudel. Das nervt.‹
Seine Gedanken: ›Ich fühle mich so leer, so leer und hilflos.‹
usw.

Die beiden mussten sehr schnell schmunzeln.

Wenn man die Gedanken der Klientinnen ganz unverblümt ausspricht, fühlen sie sich ertappt und müssen lachen. Gedanken sind nicht ›clean‹ oder weichgespült, sondern ziemlich plakativ, vor allem wenn wir uns über irgendetwas ärgern oder freuen oder traurig sind – wenn also starke Emotionen beteiligt sind. Niemand denkt ›Die ist aber nicht so nett‹, wenn ihm jemand total auf die Nerven geht. Man denkt eher in den Kategorien: ›Arsch! Idiot! Wichser! Schnepfe! Zicke! Bitch!‹ Genauso unzensiert erfolgt die provokative Szenenarbeit dann auch in den szenischen Monologen. Viele Klienten sagen danach erstaunt: ›Woher wissen Sie, wie ich denke?‹ Gleichzeitig fühlen sie sich sehr ernst genommen, weil jemand ausspricht, was sie fühlen. Wichtig dabei ist: Der Provokative Coach darf selbst nicht glauben, was er den Klienten sagt. Er spricht die globalen und pauschalen Gedanken aus, von denen er glaubt, dass sie die Klientinnen gerade haben. Es geht nicht um die persönliche Meinung der Beratenden.

Beispiel 2:

Die Klientin (Kl) hat ein Beziehungsproblem. Charlotte Cordes (C) und Florian Schwartz (F) sitzen nebeneinander und spielen ein Paar: Die Klientin und ihren Freund.

C (zickig): Jetzt könnte er aber schon mal wieder sagen, dass ich toll bin.

F (tippend am Rechner): Meine Güte, heute nervt sie sich wieder selbst.

C: Warum kommt er nicht mal wieder und sagt mir, dass ich toll bin, der Blödmann.

Die Klientin lacht.

F: Beruhig dich. Schon Sigmund Freud sagte: Das Weib weiß nicht, was es will.

C: Er könnte schon mal wissen, was ich will.

F: Sie weiß es selbst nicht, was sie will und dann ist sie genervt von sich selbst.

C: Auch wenn ich selbst nicht weiß, was ich will, könnte er doch mal wissen, was ich will. Eigentlich mag ich ihn schon, wenn er jetzt endlich mal kommen würde und mir Anerkennung schenkt, wenn ich will, dass ich Anerkennung kriege. Ich will sie ja auch nicht immer. Ich brauch sie auch nicht immer. Und ich weiß manchmal gar nicht, wann ich sie will.

F tippt die ganze Zeit weiter, immer schneller.

C: Grrrrr ….

Kl (lächelnd): Ja.

C: Ja.

Alle lachen.

Etwas später im gleichen Coaching. Beide sitzen auf der Couch. Sie ist beleidigt und zappt durch die Kanäle des Fernsehers.

C: Wir sehen die Gedanken von beiden.

C: Oh, dieser Arsch! Der kapiert überhaupt nicht, was ich gerade brauche. Wie soll ich es denn noch deutlich machen?

F: Dass sie nicht weiß, was sie will, sieht man daran, dass sie schon

stundenlang durch den Fernseher zappt.
Klientin lacht.
F: Ich mach das jetzt mal mit. Eigentlich wollte ich Fußball gucken.
C zappt und zappt und zappt.
C: Der kommt nicht mal auf die Idee. Der denkt bestimmt wieder nur an seine Arbeit oder an Fußball.
F: Ah, ja, der Kanal…
C zappt schon wieder weiter.
F: Naja, die beruhigt sich dann schon wieder. Die kriegt sich ja immer irgendwie ein.
C: Und das Schlimme ist: Morgen bin ich dann wieder entspannt und er hat gar nichts davon mitbekommen.
Klientin lacht.
C (an Klientin): So ungefähr?
Kl: Ja. Nur, dass er dann am nächsten Tag noch ankommt und sagt: Hast du dich wieder beruhigt?
C und F lachen.

Wie kann ich Monologe für mich üben?

Denken Sie an eine Person, die Sie gerade beschäftigt. Welches erste Gefühl löst diese in Ihnen aus? Erzählen Sie in Monologform über dieses Gefühl. Dann überlegen Sie, welches Gefühl noch kommt und sprechen Sie wieder darüber. Sie können das alternativ auch mit Gegenständen machen. Wählen Sie einen Gegenstand aus, der Ihnen ins Auge sticht. Notieren sie sich ein paar Emotionen (Liebe, Hass, Trauer, Wut, Euphorie, Angst etc.). Erzählen Sie nun eine kleine Geschichte über den Gegenstand und wechseln sie dabei immer wieder ihre Emotionen. Lassen Sie sich dabei von den Gefühlen leiten. Das hilft, die Planung auszuschalten. Und Ihr Monolog kann dadurch überraschende und ungeahnte Wendungen nehmen.

Die Musik

Auf der Improbühne ist Musik schon längst ein unverzichtbarer Bestandteil der Szenen geworden. Und das aus gutem Grund: Sie schafft Atmosphäre und verstärkt die Emotionen. Inzwischen gibt es im Improvisationstheater zahlreiche musikalische Spiele und Formate, in denen Songs oder sogar ganze Opern-Szenarien zur Geltung kommen, die das Publikum zum Lachen, Weinen und Mitsingen animieren.

Auch im Coaching hat (improvisierte) Musik als provokatives Stilmittel therapeutische bzw. psychologische Wirkung. Denn sie findet unmittelbar im Augenblick statt und knüpft direkt an den Emotionen an. Sie kann die Stimmung maßgeblich verändern. Zusätzlich kann sie den Klientinnen helfen, den eher rationalen Kopf auszuschalten und schneller in die emotional unterfütterte Schicht einer Problematik zu gelangen.

Beispiel: Ein Klient brachte im Coaching seinen chronischen Spannungskopfschmerz zur Sprache, der ihm seit Jahren zu schaffen machte. Im Laufe der provokativen Sitzung kamen immer mehr die Aspekte von Leichtigkeit und Loslassen ins Spiel. Das ›Was wäre wenn‹-Szenario nahm unter Mitgestaltung des Klienten immer absurdere Ausmaße an. Am Ende schwebte der Klient in der Fantasie des Szenarios als Eiskunstläufer durch den Raum. Dieser hatte einen Staubsauger in der Hand, mit der alle negativen Energien abgesaugt werden sollten. Das Ganze wurde mit einem Song untermalt, der stark an den Hit »Lass jetzt los« aus dem Disney-Film »Die Eiskönigin« erinnerte. Der Klient berichtete kurz darauf, dass er noch in derselben Nacht aufwachte, weil er plötzlich wieder den Ohrwurm im Kopf hatte. Gleichzeitig bemerkte er völlig verblüfft, dass der Spannungskopfschmerz verschwunden war.

Musik kann das gesprochene Wort überhöhen und überzeichnen. Dadurch gelingt es ihr – ähnlich wie das Lachen – eine Distanz zum Problem herzustellen. Sie kann so im provokativen Sinne die Schwere einer Thematik noch größer machen als es den Klienten lieb ist, reizt dadurch zum Widerstand gegen die eigene Selbstschädigung und animiert zum Lachen.

Beispiel: Auf einem Therapeuten-Kongress hatte sich eine Klientin vor Publikum bei einer provokativen Coaching-Sitzung mit szenischen Elementen über den Kontroll- und Ordnungswahn ihres nicht anwesenden Mannes aufgeregt. Charlotte Cordes und Florian Schwartz rieten ihr schließlich dazu, in dieser Dominanz etwas Verführerisches zu sehen. Sofort fing Florian Schwartz an, einen akzentuierten Tango zu spielen, um diesen erotischen Geschlechterkampf akustisch zu verstärken. Schließlich entwickelte sich passend zu Rhythmus und Tempo ein Refrain mit den Worten ›*Dietmar*[11]*, du rattenscharfes Stück.*‹ Die Klientin, die eben noch voller Wut war, brach plötzlich in schallendes Gelächter aus und konnte ihre Tränen vor Lachen nicht mehr zurückhalten. Text und Musik bildeten eine so perfekte Einheit, dass sogar das Publikum anfing, mitzusingen. Der Ohrwurm geisterte noch Stunden später durch die Kongress-Räumlichkeiten. Entsprechend amüsant muss auch das erste Telefonat der Klientin mit ihrem Mann nach der Coaching-Sitzung ausgefallen sein.

Ein Song kann beliebig und je nach Impuls intuitiv in Coachings oder Therapien eingebaut werden. Er kann auch eine Coaching-Sitzung beenden, indem noch einmal die wichtigsten Aspekte oder Schlagworte als Resümee humorvoll aufgegriffen und verwertet werden. Die Coaches können sich im Laufe einer Sitzung selbst die Initialzündung liefern oder dazu auffordern, indem sie – wie es in einem Impro-Bühnenformat der Fall ist – sagen: ›Das klingt nach einem Lied.‹ Nach sehr emotionalen Sitzungen, in denen auch Schwere zu spüren war, kann ein improvisierter Song fast schon wie ein ›Geschenk‹ wirken. Dieser Abschluss-Song kann inhaltlich völlig frei gestaltet sein. Der Song kann sowohl ein gesungenes Fazit sein, als auch absurde provokative Lösungsvorschläge beinhalten. Aber auch ein positiver Ausblick, der mit einem Augenzwinkern vorgetragen wird, kann die Klientinnen mit einem guten Gefühl zurücklassen, ohne dass es zu sentimental oder zu schnulzig wird.

Dass Musik therapeutische Effekte haben kann, erfahren wir schon in der Pubertät, wenn wir lauthals Love- und Popsongs mitsingen, die uns in unserem Schmerz und Kummer bestätigen. Das Mitsingen kann eine extrem kathartische Wirkung haben. In den szenischen Coachings animieren Charlotte Cordes und Florian Schwartz die Klienten immer wieder dazu, auch selbst zu singen, egal ob richtig oder falsch, laut oder leise. Eine Herausforderung für viele, da dies jede Menge Mut erfordert. Auch wenn es die meisten von uns heimlich im Bad oder im Auto tun, so ist das Singen vor anderen Menschen (Coach, Gruppe, Publikum) sehr häufig ein äußerst sensibles Thema. Schließlich machen wir uns hierbei auch ein Stückweit seelisch wie emotional nackt. Vielen Menschen wurde in ihrem Leben gesagt, dass sie nicht singen können (was größtenteils nicht stimmt) und es besser lassen sollten. Umso größer ist natürlich die Angst (oder sogar Panik) davor, die schnell eine Blockade auslösen kann. Wird diese Furcht jedoch überwunden, kann das Ergebnis im positiven Sinne überwältigend sein. Die Klienten fühlen sich befreiter, entspannter, lockerer, losgelöster und voller Energie. Da das Singen schließlich auch ein physischer Vorgang ist, ist das neue Körpergefühl danach nicht verwunderlich.

Eine Übung – auch für Menschen, die den Glaubenssatz haben: ›Ich kann nicht singen!‹

Diese Übung kann man alleine zu Hause machen oder in einer Gruppe, am besten online. Im Online-Coaching schalten alle (mit

Ausnahme des Coaches/Musikers) ihr Mikrofon stumm, sodass sie nicht zu hören sind. Der Coach bittet die Teilnehmenden über ein Thema laut zu sprechen, das sie gerade beschäftigt. Sobald der Musiker anfängt, Musik zu machen, muss das Gesagte gesungen werden. Da sowieso niemand zu hören ist, können die Teilnehmerinnen auch richtig schmettern und nach Herzenslust ›falsch‹ singen, wenn ihnen danach ist. Wir sagen ihnen vorher oft schon lachend, dass sie am besten auch Fenster und Türen schließen sollten, damit die Nachbarn oder eventuelle Ehepartner oder Kinder im Nebenraum sich nicht wundern. Sobald die Musik aufhört, wird wieder normal weitergesprochen. Das Wechselspiel von Singen und Sprechen wird einige Male wiederholt. Die musikalischen Sequenzen müssen nicht lang sein. Es reichen oft schon zehn bis zwanzig Sekunden aus. Die Stilistik der Musik (ob Reggae, Chansons, Rock, Pop, Blues etc.) kann sich dabei immer wieder nach Belieben ändern. Wichtig ist lediglich, dass die Musik schnell auf den Punkt kommt, klar erkennbar ist und sofort zum Mitsingen animiert. Dieses Coaching-Mittel hat seinen Ursprung im Bühnen-Spiel ›Bei Musik Gesang‹, in welchem die Impro-Spielerinnen während einer improvisierten Szene von der Musikerin regelrecht ›geärgert‹ werden dürfen und immer singen ›müssen‹, wenn die Musik einsetzt und wieder ›nur' sprechen, sobald sie aufhört.

Die Übung hat einen unschlagbaren Effekt: Das Singen wirkt unmittelbar auf die emotionale Unterfütterung eines Problems. Ein schweres Thema kann unerwartete Leichtigkeit bekommen. Es ist zu beobachten, dass die Klienten schnell körperlich werden und sich von der Musik mitreißen lassen. Außerdem ist bei diesem Tool auch gut zu sehen, wie mit wenigen Mitteln der Kopf aus- und das Herz angeschaltet werden. Schließlich müssen sich die Klientinnen auch unmittelbar auf den Moment einlassen, da sie gar nicht planen können, welche Art von Musik als nächstes kommt. Durch den Wechsel der unterschiedlichen Musik-Stile ist gleichzeitig auch ein Perspektivwechsel indiziert. So kann an unvorhergesehener Stelle eine Überzeichnung ins Spiel kommen, die einen vollkommen neuen Blick auf Problematik, Thematik oder Situation liefern kann und dadurch einen absurden oder auch komischen Effekt erzielt, der zum Lachen animiert.

Muss ich Musiker sein, um Musik, im Coaching einzusetzen?

Sie müssen kein ausgebildeter Profi-Musiker sein. Ein paar Akkorde am Klavier oder Griffe auf der Gitarre können schon Wunder wirken. Es gibt auch Coaches, die mit anderen Instrumenten (Harfe, Geige, Klarinette, Schamanische Trommel) arbeiten. Auch A-capella-Einlagen des Coaches oder der Therapeutin können ausreichen. Singen Sie einfach los, wenn Sie sich inspiriert fühlen. Trauen Sie sich, auch wenn Sie denken, es ist nicht perfekt. Perfektionismus ist sowieso hinderlich beim provokativen Arbeiten. Er blockiert Sie und macht Sie unkreativer. Hier geht es darum, sich im Rahmen ihrer persönlichen Möglichkeiten in die Materie mit allen Fasern der Wahrnehmung zu stürzen und damit zu spielen. Wenn etwas nicht passt oder nichts beim Klienten auslöst, dann versuchen Sie einfach etwas anderes, so lange bis eine Reaktion kommt. Das gilt auch für die Musik. Selbst Frank Farrelly - der Erfinder der Provokativen Therapie – hat in seinen Sitzungen häufig stimmgewaltig und aus voller Kehle Lieder für seine Patienten zum Besten gegeben.

Anbei noch zwei Beispiele, wie sich Songs und Duette in der Provokativen Szenenarbeit ergeben. Sie können die Musik zwar nicht hören, aber schon Text, Form und Inhalt vermitteln einen ersten Eindruck wie ein Lied ein provokatives Element sein kann.[12]

Beispiel 1:

Die Klientin hat Stress mit ihrem Freund. Charlotte Cordes (C) und Florian Schwartz (F) improvisieren spontan auf Stichwort ein Duett im fröhlichen Swing.

C: Also irgendwie willst du ihn behalten, aber er muss so funktionieren wie du es willst.

Kl: Ja.

C: Genau.

Kl: Aber das so situationselastisch wie ich es brauche.

C: Genau.

F (schmunzelnd): Situationselastisch.

C: Das ist ein schönes Wort.

F: Das ist ein geiles Wort.

C: Situationselastisch.

F beginnt, Klavier zu spielen und zu singen.

F: Mein Mann muss situationselastisch sein!
C: Schalalalala
F: Ganz schmiegsam, ganz biegsam, so wie ich es will.
C: Schalalala
F: Situationselastisch. Das find ich fantastisch.
C: uuuuhhh… lalalala.
F: Ich geb jetzt eine Anzeige in der Zeitung auf:
Ich such nen Mann, ein Mann, der folgendes haben muss…
C: Schalalalalaaa
F: Ich will keinen, der Geld hat, ich will keinen, der gut aussieht,
ich will einfach nur einen, der …
C und F im Duett: situationselastisch ist, situationselastisch ist,
situationselastisch ist.

Ende des Liedes.

Die Klientin lacht und schmunzelt fast die ganze Zeit.

Beispiel 2:

Es stellt sich immer mehr raus, dass der Klient fasziniert davon ist, harte Nüsse zu knacken und dass seine Ex-Frau, mit der er Stress hat, schon immer eine solche harte Nuss war.

F fängt an, einen strengen und rhythmischen Tango zu spielen. C spielt ohne Wort eine richtig harte Nuss. F singt:

Ich brauch ne harte Nuss.
Eine Frau mit viel Verdruss
Ich brauch ne harte Nuss.
Mit viel Entwicklungspotenzial.
Ich brauch ne harte Nuss.
Dann kann ich mich am besten spüren.
Oh willst du mich nicht verführen.
Mmmmm.
Ich brauch ne harte Nuss.
C: Knack mich!
F: Ich brauch viel Verdruss.
C: Knack mich!
F: Oh ja, ich knack dich
Und dann sag ich, ich pack dich.
Ja, ich mag dich,
Denn du bist ne harte Nuss.
Ich brauch ne harte Nuss.
C: Knack mich!
F: Du sorgst für viel Verdruss
C: Knack mich!
F: Ich pack dich.
C: Knack mich!
F: Und danach sage, ich knack dich.
C: Mehr hast du nicht drauf?
F: Willst du mich heiraten? Ich brauch Frauen,
an denen ich wachse.

Der Klient lacht immer wieder laut dazwischen.
C: Vielleicht nächstes Jahr.
C (an Kl): So vielleicht?
Kl (klatscht und lacht): Herrlich.

Immer wieder fragen Coaches oder Therapeutinnen, inwieweit die Musik während eines Coachings wirklich live improvisiert sein muss. Es ist kein Gebot, dass man ausschließlich improvisierte Musik verwenden darf. Auch musikalische Patterns aus der Konserve können unter Umständen schon den nötigen Zweck erfüllen. Der Vorteil von improvisierter Musik ist, dass sie noch näher an den Klientinnen und Klienten dran ist und sich mit ihnen zusammen spontan verändern kann.

Beispiel: Auf einem Kongress offenbarte sich bei einer Klientin im Laufe der Sitzung, dass sie selbst alles immer unter Kontrolle haben muss. Florian Schwartz fing am Klavier an, zu spielen und versuchte, einen Song zu improvisieren. Die Klientin baute unmittelbar Widerstand auf und fing sofort an, den Musiker zu steuern. Auch der Musiker reagierte prompt und ließ sich von den Vorgaben der Klientin inspirieren und lenken. Die Klientin gab zunehmend die Kontrolle ab und ließ sich nach und nach auch vom Musiker bewegen. Der Song, der zunächst sehr zaghaft und melancholisch startete, endete im Teamwork zwischen Musiker und Klientin in einer fetzigen Rocknummer, die allen im Ohr blieb.

Gruppensitzungen

Der Provokative Ansatz bzw. die Provokative Szenenarbeit funktioniert auch sehr gut in Gruppen, z. B. bei Paarberatungen, Gruppensitzungen oder Teamsupervisionen. Die Prinzipien sind die gleichen wie in Einzelsitzungen. Die Herausforderung besteht darin, alle Teilnehmenden im Blick zu haben. Das gilt im 1-zu-1-Gespräch natürlich auch, erfordert jedoch bei mehreren Personen ein noch höheres Maß an Aufmerksamkeit.

Charlotte Cordes und Florian Schwartz machen alleine und gemeinsam schon lange Paar- und Gruppensitzungen sowie Teamsupervisionen. Seit Beginn 2021 veranstalten sie auch provokative Online-Gruppencoachings mit vielen szenischen Elementen. In den Gruppen sind maximal zehn Klientinnen und Klienten. Diese melden sich für eine oder mehrere zweistündige Sessions an und werden in diesen alle abwechselnd von den beiden gecoacht. Mal liegt der Fokus auf einer Person, mal auf mehreren. Es entwickeln sich bei jeder Sitzung andere Dynamiken (mal linear, mal kreuz und quer, mal nach Themen gestaffelt). Aus den Rückmeldungen geht hervor, dass sowohl bei denjenigen, die im Fokus sind als auch bei denen, die in der Zeit ›nur‹ zuschauen, Emotionen ausgelöst und Themen gelöst werden können. Schon Frank Farrelly sagte: ›The most personal is the most universal‹. Individuelle Themen betreffen häufig auch andere in einer Gruppe. Es gab beispielsweise einmal die Situation, dass eine Klientin während der Gruppensitzung fast gar nicht in den Fokus der Coaches rückte. Sie war in erster Linie Zuschauerin. C und F fragten sie im Nachhinein, ob sie noch ein paar Minuten einzeln gecoacht werden wolle. Die Frau sagte nur: ›Nein. Alles gut. Mein Problem hat sich bereits gelöst durch das, was ihr mit den anderen gemacht habt‹.

Ein Rat an Sie: Gruppen sind die Steigerung der 1-zu-1-Variante. Wenn Sie provokativ und sogar szenisch arbeiten möchten und damit erst beginnen, fangen Sie im Einzelgespräch mit Ihrem Lieblingsklienten oder Ihrer Lieblingsklientin an. Bei dieser Person ist die wohlwollende Grundhaltung gegeben. Sie sind entspannt und können sich provokativ ausprobieren. Eine provokative Idee pro Sitzung reicht. Den Rest machen Sie wie immer. Wenn Sie merken, dass die Klienten auf die provokative Intervention reagieren und es Ihnen als Coach Spaß macht, werden Sie automatisch häufiger provozieren und vermutlich auch die Gruppengröße steigern.

Fazit

Wenn Sie jetzt denken ›Oh Gott, das klingt alles sehr spannend, aber wie soll ich das machen?‹ können wir Ihnen provokativ nur recht geben: Lassen Sie es! Wagen Sie nichts Neues, sondern bleiben Sie bei Ihren gewohnten Mustern. Alles andere wäre viel zu gefährlich. Was würden Ihre Klienten wohl plötzlich von Ihnen denken, wenn Sie Ihre Art zu arbeiten, verändern? Sie wären entsetzt! Und dieses Risiko können Sie unmöglich eingehen. Die Nummer-Sicher-Variante ist viel stressfreier. Sigmund Freud sagte angeblich, dass die Persönlichkeitsentwicklung im Alter von sechs Jahren abgeschlossen ist. Sie sind definitiv älter. Deswegen sind Veränderungen nichts mehr für Sie. Lassen Sie die Finger davon! Besinnen Sie sich auf keinen Fall auf Ihre Fähigkeiten, die Sie vielleicht in Ihre Arbeit integrieren könnten! Vor allem nicht, wenn sie augenscheinlich nichts mit Coaching und Therapie zu tun haben. Das kann gar kann nicht funktionieren. Auf Ihrem Grabstein wird stehen: ›Hier ruht XY. Hat nichts gewagt und sich lediglich biologisch weiterentwickelt. Immer! Ohne Kompromisse!‹ Sollten Sie sich doch möglicherweise an etwas Neues heranwagen wollen: Nicht zu schnell. Denken Sie in Ruhe noch ein paar Jahre darüber nach, bevor Sie die ersten Schritte unternehmen. Und dann gaaanz langsam und vorsichtig.

In diesem Zusammenhang wollen wir Ihnen folgendes kleines Beispiel am Ende nicht vorenthalten: Eine Klientin, die im wahrsten Sinne des Wortes ›ihren Arsch nicht hochbekam‹, etwas zu verändern.

Charlotte Cordes (C): Das geht nicht so schnell bei dir. Du brauchst ein bisschen. Du bist gemütlich. Du bist wie so ein Schneckchen, das sich langsam vorwärts bewegt mit einer dicken Schleimspur und sich irgendwann entscheidet, vielleicht in fünf bis zehn Jahren, sich ein bisschen schneller zu bewegen.

Florian Schwartz (F): Du ……… bewegst ….….. dich ……. zu ………… schnell …………

C: Oh ja, stimmt. Dann …. bewege ….. ich…… mich ….. eben ….. noch ….. .ein …. bisschen ….. langsamer …. das …. geht ….. mir …… alles …… viiiiiiel ….. zu ……. schnell …….

F: Du ……… sprichst ………. auch ……. noch ……… zu …….. schnell …….

C: E … n …. t ….. sch …. u …. l …… d …… i ….. g ….. e ….

F gähnt.

C gähnt.

Werden Sie schon nervös?

Literatur

Cordes, Charlotte:
Sie lachen das schon.
Einführung in die Provokative SystemArbeit mit kommentierten Fallbeispielen. Knoll und Patze Verlag. 2018 (2. Auflage).

Cordes, Charlotte:
Mut zur Improvisation.
Ungewöhnliche Tools für Beratung und Coaching.
Knoll und Patze Verlag. 2018 (5. Auflage).

Höfner, E. Noni und Cordes, Charlotte:
Einführung in den Provokativen Ansatz. Carl Auer 2018.

Höfner, E. Noni:
Glauben Sie ja nicht, wer Sie sind.
Grundlagen und Fallbeispiele des Provokativen Stils.
Carl Auer Verlag 2018 (5. Auflage).

Johnstone, Keith:
Improvisation und Theater. Alexanderverlag 2018.

Farrelly, Frank und Brandsma, Jeff:
Provocative Therapy. Meta Publications, US. 1989.

Alle Veröffentlichungen im Überblick (Bücher, Artikel, Podcasts, Streamingvideos etc.):
www.provokativ.com/veroeffentlichungen

Hervorzuheben ist folgender zusammenfassender Artikel:
Cordes, C und Schwartz, F: Wir spielen mit Eurem Leben.
Provokative Szenenarbeit in Coaching und Therapie.
In: Praxis Kommunikation 6/2021

Die Autoren

Dr. Charlotte Cordes

Dr. Charlotte Cordes hat in München Kommunikationswissenschaft, Amerikanistik und Markt- und Werbepsychologie studiert und in Kommunikationswissenschaft promoviert (Dr. phil.). Zusatzausbildungen: EMDR und PEP (Dr. Michael Bohne).

Sie leitet zusammen mit ihrer Mutter Dr. Noni Höfner das Deutsche Institut für Provokative Therapie (www.provokativ.com). Dort führt sie seit Jahren Seminare zum Provokativen Ansatz, Improseminare sowie Einzel-, Paar-, Gruppencoachings und Teamsupervisionen für die unterschiedlichsten Zielgruppen durch.

Sie steht seit über 20 Jahren mit Improvisationstheater auf diversen Bühnen. Seit 2014 mit Impro Goes Loose (www.lifestories.de). Diese Bühnenerfahrung integriert sie regelmäßig in ihren Coachings, die sie oft um szenische Elemente ergänzt.

Sie ist Autorin mehrerer Bücher und Fachartikel zum Thema Provokativer Ansatz und Impro. Außerdem produziert sie diverse Podcasts (Alle Veröffentlichungen unter: www.provokativ.com/veroeffentlichungen). Sie singt seit zehn Jahren in einem Münchner A Cappella Ensemble (www.diedachschraegen.de), mit dem sie 2021 bei einem Chorwettbewerb des Bayerischen Rundfunks unter die 10 Besten zum Thema ›Bestes Digitalprojekt‹ gekommen ist.

Ihre positive Energie ist äußerst ansteckend. Der wertschätzende Umgang mit Seminarteilnehmern, Klientinnen und Zuschauern hat bei ihr oberste Priorität. Sie lebt mit ihrem Mann und ihren zwei Söhnen in München.

Florian Schwartz

Geboren in Berchtesgaden. Er lebt als freier Autor, Performance-Coach, Komponist, Impro-Musiker und Trainer sowie Regisseur in München. Für das Deutsche Institut für Provokative Therapie arbeitet er als Provokativer Coach und Trainer.

Er studierte an der Ludwig-Maximilians-Universität in München Theater- und Musikwissenschaften. Als Regisseur arbeitete er an zahlreichen Projekten im Musik- und Sprechtheaterbereich (unter anderem für SHAKESPEAREundPARTNER Berlin, das Junge Schauspiel Ensemble München, Theater an der Rott und Theater Trier). Er war unter anderem auch künstlerischer Leiter der Fürstenecker Barockfestspiele.

Neben seinen zahlreichen Kleinkunst-Aktivitäten in den Sparten Kabarett und Chansons begleitet und coacht er verschiedene Improvisationstheatergruppen in und um München (u.a. auch *Impro Goes Loose*). Zudem ist er Musikastrologe und hat auf der Basis von Musik, Improvisation und Provokativer SystemArbeit (ProSA)® das MusikSystemische Coaching (MuSyCo) entwickelt.

Anhang: Fallbeispiele

Im Folgenden haben wir für die Leserinnen und Leser unter Ihnen, die einen Gesamteindruck einer ca. 30-minütigen Coaching-Session bekommen wollen, drei Coaching-Fallbeispiele komplett transkribiert. Diese drei und noch einige weitere komplette Mitschnitte, die im Juni 2021 aufgezeichnet wurden, sind in Ton und Bild als Streaming bei therapie.tv erhältlich.[13]

C = Charlotte Cordes, F = Florian Schwartz, Kl = Klient/Klientin

Fall 1: Ich bin eine Perfektionistin

C: Sehr schön! Dann legen wir gleich los, oder?
Kl: Ja super! *(lacht)*
C: Ja, hallo Eva[14]!
Kl: Hallo!
C: Schön, dass du da bist! Bei was können wir dir heute helfen? Was ist das Thema?
Kl: Das Thema ist, ich hab echt schon zahlreiche Ausbildungen gemacht, es gibt aber einen Glaubenssatz in mir, der heißt: Ich kann das nicht! Und jedes Mal, wenn ich irgendwo stehe und weitergehen möchte, und ich weiß, es ist gut, und ich weiß, es tut dem Menschen gut, kommt: Ich kann das nicht!
C: Naja, das ist eine Einsicht, vermutlich. Du hast wahrscheinlich die richtige Einsicht: Du musst dich zu Tode ausbilden, bis du dann kurz vor deinem Grab sagen kannst: Jetzt mach ich meinen ersten Klienten! – Was machst du denn für Ausbildungen? Als Coach?
Kl: Ich bin Coach, ich bin Klangtherapeutin und arbeite als Life-Coach, und mein Traum ist tatsächlich, mit Menschen durch die Welt zu ziehen und den Perspektivwechsel auf Reisen zu schaffen.
C: Ja, aber vergiss es! Du hast dich ja schon so über den Tellerrand gelehnt, jetzt mit deinem Coachen und sowas. Jeder weiß, wir coachen ja auch, das ist alles immer so eine graue Masse, wo man nix

Konkretes findet meistens und jetzt willst du nochmal noch unkonkreter werden. Weißt du, das ist viel zu mutig. Lass es! Wie alt bist du denn?
Kl: Fünfzig.
C: Du siehst jünger aus, find ich.
Kl: Dankeschön!
C: Und du willst in deinem hohen Alter von Fünfzig noch auf Reisen gehen mit irgendwelchen Klienten oder Klientinnen?
Kl: Ja, genau! Ja, wandern sogar.
C: Warum willst du denn so bekloppte Sachen machen? Bleib doch sicher zuhause … und gemütlich …. Das ist alles viel sicherer, das ist viel zu gefährlich. Mach das bloß nicht!
Kl: Das stimmt. Da hast du recht.
C: Eben!
Kl: Zuhause fühlt sich's sicherer an.
C: Es fühlt sich sicherer an, außerdem bist du unfähig. Das hast du ja selber gesagt. Du musst so viele Ausbildungen machen, bis du endlich so ein bisschen Kapazität dir erarbeitet hast.
Kl *(nickt)*: Reicht noch nicht.
C: Das hast du wahrscheinlich von deinen Eltern schon gelernt. Du bist nie genug.
Kl: Das kann gut sein. Ja.
C: Und außerdem bist du vermutlich ein Perfektionist.
Kl *(zustimmend)*: Das sowieso.
C *(bekräftigend)*: Das sowieso! Eben! Genau.
Kl: Es gibt so einen schönen Spruch meiner Mutter. In der zehnten Klasse hatte ich tatsächlich alles Einsen auf dem Zeugnis und sie sagt: »Oh mein Gott, ist das langweilig.«
C: Ja. Eben. Schau, da kannst du dir schon ganz schön das Leben zur Hölle machen und dich stressen mit dem ganzen Zeug.
Kl: Ja.
C: Selbst deine Mutter fand das schon langweilig, dass du so gut bist.
Die Klientin lacht.

C: Die fand dich gut. Du findest dich nur selber nicht gut genug.

Kl *(schmunzelt)*: Ja wahrscheinlich ist das so!

C: Ist deine Mutter schon gestorben?

Kl: Nein.

C: Die lebt noch?

Die Klientin nickt.

C: Ist die in der Nähe von dir oder ist die weiter weg?

Kl: Sie ist weiter weg, aber sie kommt nächste Woche zu Besuch.

C: Oh mein Gott! Da musst du aber vorher richtig gut aufräumen und dich vorbereiten, dass du das Richtige sagst, damit du wirklich auch wieder einen guten Eindruck machst.

Kl *(überlegt)*: Ja gut, da bin ich tatsächlich schon … *(korrigiert sich, schüttelt den Kopf und lacht)* … Nein, da bin ich nicht drüber hinweg …

Alle lachen.

C: Sag ich doch! Hast du einen Mann oder so?

Kl: Nein.

C: Na Gott sei Dank! Jetzt müsstest du den auch noch herrichten vorher …

Kl: … ja genau …

C: … weißt du, wenn du jetzt dann noch so einen Mann hättest, müsstest du dem noch die Hemden bügeln und sagen, er soll sich benehmen, weil Mutti kommt.

Die Klientin nickt.

C: Jetzt kommt die große Mutter. Gibt's einen Vater auch noch?

Kl: Nein.

C: Geschwister noch?

Kl: Ja, aber keinen Kontakt.

C: Das heißt, du und deine Mutter seid so … *(verschränkt beide Hände als Zeichen der Verbundenheit).*

Die Klientin stöhnt nicht ganz zustimmend.

C *(korrigiert sich)*: Nee, also eigentlich nicht. Also eigentlich eher so *(hält die Hände zu Fäusten geballt kampfbereit auseinander).*

Kl *(lacht)*: Es gibt glaub ich beides.

C: Auf jeden Fall macht sie dir Stress. Du machst dir überall Stress. Deswegen ist es egal, also kann sie ruhig kommen.
Kl: Ja genau.
C: Ja, es ist eigentlich wurscht!
Kl: Das ist ein schönes Übungsfeld, wenn sie da ist.
C: Genau! – *(wieder mahnend)* Ja, aber du musst dich vorbereiten. Die kommt nächste Woche, sagst du?
Kl: Ja.
C: Wir sehen dich mal so am Abend vorher, wie du deine Wohnung aufräumst und herrichtest.
Szene:
F spielt hektische Musik am Klavier.
C (spielt die aufgeregte Eva, fuchtelt mit den Händen überall in der Luft, als wäre sie im Aufräumwahn): Oh mein Gott, es ist noch nicht perfekt. Mutter kommt! – Oh mein Gott, oh mein Gott! – Ich kann nicht schlafen, ich kann nicht schlafen. *(blickt wild um sich)* Es ist noch nicht ordentlich genug. Es ist noch nicht perfekt hier. *(verzweifelt)* Ich weiß nicht mehr, was ich tun soll?
F *(unterbricht)*: Schnitt! Am nächsten Tag: Die Mutter kommt!
F spielt Musik im langsameren Tempo, aber sehr spannungsgeladen.
C macht pantomimisch die Tür auf.
F (in der Rolle der Mutter, mit strenger Stimme): Hallo Tochter!
C: Hallo Mama, komm rein! *(gefasst)* Ich bin ganz entspannt!
F: Du entspannt? – Mein Gott wie langweilig.
Die Klientin lacht.
C: Schau dich um! Es ist alles …
F *(schaut sich um)*: Es ist so sauber und steril … Mein Gott ist das langweilig.
C: Ich mach jetzt grad wieder eine Ausbildung.
F: Schon wieder?
C: Ja.
F: Langweilst du dich selbst nicht schon?
C: Nee, es reicht noch nicht. Ich bin noch nicht gut genug.
F *(seufzt)*: Du warst schon immer so. Nur lauter Einsen im Zeugnis.

Ich hab mir schon gedacht, die kann nicht von mir sein. Die ist viel zu langweilig.
C: Och Mama …
F: Du musst mal'n Fehler machen …
C: … naja, einen Fehler …
F *(aufbrausend)*: … Kind! Mach doch mal irgendwas falsch! Das sind doch nicht meine Gene.
Die Klientin lacht.
C: Ich finde, das klingt nach was Musikalischem.
F improvisiert ein Lied am Klavier. Mit strengem Rhythmus.

Kind, wag doch mal was!
Du bist viel zu langweilig für mich.
Das sind nicht meine Gene.
Das sagen meine Zähne.
Stürz dich doch mal in ein Abenteuer rein.
Mach doch mal und versemmel irgendwas so richtig.
Das sind nicht meine Gene.
Das sagen meine Zähne.
Wag doch mal was Verrücktes.
Sei doch nicht dauernd so perfekt.
Mach doch mal was ganz Wildes.
Was in dir vielleicht sich versteckt.
Oh Kind, du bist viel zu langweilig für mich.
Mach doch mal was Verrücktes.
Ich glaub, das sind nicht meine Gene.

Die Klientin nickt und ist sichtlich emotional berührt.
Szene vorbei.
C *(blickt in die Kamera und reagiert verständnisvoll auf die emotionale Regung der Kl)*: Man muss perfekt sein. Das einzige, was wild ist an dir, sind deine Haare.
Kl: Ja! *(atmet tief durch)* Es stimmt vielleicht nicht ganz … also …. Ich überrasche Menschen ständig, mit dem was ich tue.
C: Was? Wie bitte?
Kl: Die halten mich für wild und verrückt.

C: Ja, aber du dich nicht.

Kl *(stimmt zu)*: Nein.

C: Du hältst dich für angepasst und für noch nicht perfekt genug. Wie kommen die denn auf diese abartige Idee, dass du irgendwas … bisschen crazy sein könntest, die Menschen um dich rum?

Die Klientin atmet tief durch.

C: Wie kommen die denn auf diese Idee? Außer, dass deine Haare wild sind eben. Ich weiß nicht, was du anhast, ob du wilde Klamotten anziehst. Oder ob du wild wohnst. Das sieht jetzt nicht so wild aus im Hintergrund *(Kl sitzt online vor einem Regal mit Leitz-Ordnern)* … aber vielleicht hast du ja ein wildes Wohnzimmer, oder so.

Die Klientin schüttelt den Kopf und verneint.

C: Die Sachen, die du tust, halten die für crazy?

Kl: Ja … so, für ungezwungen und so … Würden sie sich nicht trauen und beneiden mich darum, dass ich so ehrlich bin, dass ich so authentisch bin und dass ich sage, was ich denke, dass ich so auftrete, wie ich auftrete.

C *(als würde sie ein Geheimnis offenbaren)*: Die haben keine Ahnung! Die wissen überhaupt nicht, wie du wirklich bist. Das ist alles nur Fassade, weißt du. Du hast gelernt, eine crazy Fassade aufzubauen, obwohl du innerlich eigentlich so bist … *(macht mit beiden Händen eine Geste der Korrektheit)* … kontrolliert, organisiert … und du musst ja verstecken, dass du eigentlich unfähig bist. Das haben wir ja am Anfang schon gesagt, dass du eigentlich nichts kannst.

Kl: Ja das stimmt.

C: Ja eben! Deswegen ist deine einzige Chance – in deinem hohen Alter von Fünfzig *(Kl lacht)*, du kommst ja jetzt schon in die zweite Lebenshälfte – dass du eine weitere Ausbildung nach der anderen machst und bloß nicht mit Menschen wirklich was machst oder arbeitest. Also diese Reise, vergiss es! Die muss perfekt vorbereitet sein die nächsten zwanzig Jahre.

Kl: Das stimmt.

C: Ja! Also in zwanzig Jahren kannst du vielleicht mal einen Tag in deinem Ort mit denen verreisen.

Kl: Nein, das wär total schade.

C: Wie, das wär schade? Du kannst doch jetzt nicht plötzlich so crazy Sachen machen. So wirklich das machen, für das die Leute dich schon halten.

Kl: Ja.

C: Bist du verrückt geworden?

Die Klientin lacht.

C: Auch gut, dass du keinen Mann hast. Und Kinder hast du wahrscheinlich auch nicht.

Kl: Nein.

C: Nee, das wär alles viel zu gefährlich. Also, ich finde auch, du musst wirklich vorsichtig sein. Es muss alles – jede Handlung, die du tust – wohlüberlegt sein, bis sie perfekt durchdacht ist, bis du sie tust. Fehler gehen nicht!

Kl: Sind schwer. Schon besser als früher …

C: Besser?

Kl: Ja, früher ging das gar nicht.

C: Echt?

Kl: Ja, aber …

C: Mach keinen Scheiß!

Kl *(lacht)*: Am Ende ändere ich noch mein Leben.

C: Nee, nee bloß nicht!

F: Tu's nicht!

C: Das wird gefährlich. Ich stell mir dich gerade vor, so in dreißig Jahren: Du lebst so weiter wie jetzt. Du behältst diesen Perfektionismus bei. Wir sehen dich in dreißig Jahren, immer noch in diesem Zimmer.

Szene:

C: Du bist nicht verreist. Und du sitzt da. Und du siehst nur ein bisschen älter aus. Du hältst dich ja ganz gut, du siehst ja auch nicht aus wie Fünfzig. Dann siehst du halt da aus wie Siebzig vielleicht – statt Achtzig – und sitzt da und stellst dir so vor *(lyrische Musik setzt leise ein)*, wie's gewesen wäre, wenn du mit deinen Klienten oder denen, wo du die Perspektivwechsel reinbringen wolltest in Indien gewesen WÄRST, oder so. Wie das WÄRE. Es wäre dreckig gewesen, ihr wärt durch den Slum gelaufen. Überall halbtote, kranke Menschen. Und du bist so froh, dass du immer noch in deiner Wohnung sitzt und es nicht getan hast. – Du bist ein bisschen einsam …

Die Klientin nickt.

C: … aber eigentlich bist du sehr glücklich *(Kl schüttelt den Kopf)*, dass du dieses Risiko, diesen Scheiß nicht auf dich genommen hast …

F: … und die Leitz-Ordner, die bei dir im Hintergrund stehen, blasen dir sanfte Worte in den Nacken. *(macht Blas-Geräusche und flüstert)* … gut, dass du es nicht gemacht hast.

C *(haucht und flüstert ebenfalls)*: Gut, dass du uns nicht alleine gelassen hast.

Die Klientin lacht.

F *(haucht weiter)*: Genau! Dir ist dadurch nichts passiert.

C *(haucht)*: Wir brauchen dich! Geh nicht! Auch jetzt nicht mehr! Bitte!

F *(haucht)*: Nein nein!

Die Klientin giggelt vor Lachen.

C *(haucht)*: Wir müssen hier abgestaubt werden. Wir fallen ja irgendwann um. Wir brauchen dich.

Die Klientin lacht weiter.

F *(sanft hauchend)*: Bleib immer hier …

C: … Immer …

F: … dann kann dir nie was passieren.

C: Nie!

F: Niemals!

Kurze Pause.

Szene vorbei.

C *(in die Kamera zur Klientin blickend)*: Das willst du nicht, oder?

Kl *(lacht und schüttelt den Kopf)*: Nein, auf keinen Fall! Die Vorstellung find ich ja grausam.

C: Grausam. Naja, das ist dein Leben bis jetzt gewesen. Oder hast du schon mal was Verrücktes gemacht?

Kl: Ich war fünfzehn Jahre Reiseleiterin.

C: Wie bitte???

Kl: Ja!

C: Ja, kein Wunder, dass du das nicht mehr machen willst. Das ist ein Trauma.

Die Klientin lacht.

C: Warum willst du denn sowas wieder machen, um Gottes Willen?

Kl: Also ich will das in einem anderen Kontext tun. Ich möchte nicht mehr mit Busreisen unterwegs sein, mit 60plus – und ich hab nichts gegen 60plus – um Himmels Willen. *(lacht)* Ich bin da auch irgendwann. Aber die hohe Erwartungshaltung und die Engstirnigkeit der Menschen zum Teil, dass sie nur reisen, um es gesehen zu haben …

C *(unterbricht)*: Und da ist sie wieder: Die hohe Erwartungshaltung.

Die Klientin lacht.

C: Schau mal. Die hast du da schon nicht ausgehalten. Eben! Deswegen ist es gut, dass du es gelassen hast. Die sind engstirnig, haben hohe Erwartungen und es ist alles ein Scheiß. Deswegen, warum kommst du auf die Idee, du willst jetzt so richtig flexible tolle Menschen haben, mit denen du ganz flexibel und offen auf die Reise gehst, auf die du willst und denen du noch was beibringst dabei?

Kl *(atmet tief durch)*: Weil das Herzenswunsch ist. Weil mir da das Herz aufgeht.

C: Naja, aber überleg mal, wenn du es wirklich tun würdest, was es bedeutet für deinen Perfektionismus. – Wir sehen mal kurz deinen Perfektionismus, was er darüber denkt.

Szene:

F *(nimmt Denkerpose ein)*: So, also. Die Versicherungen müssen geklärt sein. Es muss alles ganz genau durchgetaktet sein, wann, wo wir sind. Ich habe einen Zeitplan erstellt. Wir starten um 8 Uhr 14 in

Dubai, fliegen dann rüber nach Sri Lanka. Sind dann dort am 26.7. um 9 Uhr 36. Reisen dann von dem Flughafen am besten mit der Bahn zum Hotel. Dann sind wir um 12 Uhr 26 am Hotel. Checken dann ein. Ich habe vierzehn Leute zu organisieren. Wir müssen dann alle im ersten und zweiten Stock untergebracht sein – unbedingt – weil, wenn wir zu weit auseinander sind, ist das nicht gut. *(Kl fängt an zu lachen.)* Dann muss ich schauen, wie ich dann die wieder von Sri Lanka nach Dubai zurückkriege …
C *(spielt die Gedanken der Klientin und haucht leise)*: Was da alles schiefgehen kann …
F: Die Buchungen können übersehen werden. Gerade in diesen fernöstlichen Ländern ist das …
C *(leise)*: … gefährlich! …
F: Um Gottes Willen, wenn das Hotel überbucht ist und wir ein anderes Hotel brauchen – ich bin nicht so flexibel und wendig. Ich brauche meinen Plan. Ich brauche meine Struktur. *(panisch)* Ich brauche meine Leitz-Ordner vor allem. In meinen Leitz-Ordner steht ja alles drin. *(Kl lacht.)* Ich brauche … *(resignierend)* Ich kann ja nix!
Szene vorbei.

C *(wieder zur Klientin)*: Das geht gar nicht!
Die Klientin lacht.
C: Was ist denn, wenn da was schief geht, wenn du jemanden verlierst? Oder wenn da irgendwie jemand krank wird oder wenn irgendwie die Einreise nicht richtig funktioniert, oder so? Um Gottes Willen, wo willst du denn mit denen hin? – Ich hoffe, nur ins Allgäu, oder so.
Kl *(schmunzelt)*: Nein! *(begeistert)* Nach Sizilien ist im September geplant.
C: Nach Sizilien? Oh mein Gott!
Kl *(lachend)*: Ja, genau da, wo der Ätna ausgebrochen ist.
C: Du gibst es dir aber dann auch immer voll, weißt du. Du gibst dich da nicht nur mit ein bisschen zufrieden. Auch da.

Kl *(lacht)*: Das wär ja langweilig.

C: Eben! Auch da muss es der perfekte Ort sein mit ein bisschen ›Danger‹! Weißt du, so ein bisschen ›Wuhuhuh‹«. Dann schlaft ich ihr abends in irgendeinem Hotel oder irgendeiner Unterkunft und draußen macht's so *(macht Explodier-Geräusche)* ›Buf‹«.

Musik setzt ein und untermalt das Ausbrechen und Brodeln des Ätnas.

C *(dramatisch)*: Und der Ätna brodelt. Er brodelt immer mehr. *(aus der Rolle)* Der ist doch gerade ausgebrochen, oder?

Die Klientin nickt zustimmend.

C: Na eben! Sei froh, dass du nicht gefahren bist. Das kann immer passieren, dass mal ein Ätna ausbricht.

Kl: Ja genau!

C: Um die Ecke. Lass es!

F *(macht mit den Händen eine Geste, als ob er eine Überschrift zitieren würde)*: ›Katastrophenreisen mit Eva.‹

C *(lacht)*: Genau, das wär's doch.

Kl *(lacht)*: Guter Slogan!

F: Du musst eben in Katastrophengebiete reisen. Das ist das Beste. ›Crazy Evas Katastrophenreisen.‹ *(zählt auf)* Vulkanausbrüche! Erdrutsche! Kannibalen besuchen!

Kl *(nickt zustimmend)*: Die gefallen mir, die Ideen. Bin dabei.

C *(ungläubig)*: Du willst das machen?

Kl: Ja!

C: Du bist wirklich unverbesserlich. Bis du deinen Arsch mal hochkriegst, es zu tun, das dauert ja noch zwanzig Jahre.

Kl: Ja, das sowieso wiederum.

C: Eben! Ich mein, du kannst ja weiter träumen, ist doch gut. Du kannst in so einer – weißt du, wie wenn du so einen Film anguckst oder Roman liest, wo du dir diese ganzen Sehnsuchtswelten aufmalst – *(Musik setzt ein)* die du aber niemals wirklich umsetzt. Da stellt man sich das ganz romantisch vor. Weißt du, was in echt dann passiert? Dann kriegst du plötzlich die Scheißerei. *(Kl lacht und nickt)*. Oder dann kommt ein Dieb und klaut dir deinen Geldbeutel.

Kl *(nickt)*: Genau.

C *(schmückt weiter aus)*: Dann ist es dreckig. Dann hast du keine Dusche und so. – Dann bleib lieber bei den Leitz-Ordnern und stell's dir nur vor. Du könntest ja auch ein Buch über deine imaginären »Möglicherweise«-Reisen verfassen und sagen: Das hätte ich fast gemacht – in diesem Leben. Das steht wahrscheinlich auch auf deinem Grabstein: *(mit einer Schriftzug-Geste)* ›Ich hätte beinahe die Reise auch organisiert‹.

Kl *(schmunzelt und korrigiert)*: ›Ich hätte beinah Spaß gehabt‹«

C *(wiederholt)*: ›Ich hätte beinah Spaß gehabt! – Aber da gab's zu viele Unwägbarkeiten!‹ … Das ist der Untertitel.

Kl *(nickt)*: Ja!

C: … aber es war zu gefährlich, es war zu riskant! – Waren deine Eltern auch schon so perfektionistisch?

Kl: Meine Mutter schon. Ja!

C: Ja? Sie ist es auch immer noch?

Kl: Sie ist Buchhalterin ….

C *(verdreht die Augen)*: Oh mein Gott.

Kl: Die hat jeden Pfennig gesucht und es hat mich wahnsinnig gemacht.

Alle lachen.

C: Und der Vater, der ist ja eh nicht relevant. Die Männer habt ihr ja in der Familie entsorgt. Die sind nicht wichtig. *(Kl nickt)* Das heißt, du und deine Mutter sind zwei perfektionistische Menschen. Warst du auch mal Buchhalterin zwischendurch?

Kl: Ich arbeite momentan in diese Richtung, nicht als Buchhalterin, aber …

C: Siehste wohl, geil! Oh ihr könntet zusammenziehen, deine Mutter und du …

Kl *(ganz angewidert von dem Gedanken)*: Oh nein!

C *(lacht)*: Oh nein!

Szene:

F *(in der Rolle der Mutter, übergibt mit Begeisterung C pantomimisch einen Stapel)*: Schatz, ich hab hier noch viel mehr Akten und Ordner.

Ich hab dir auch noch Excel-Tabellen per Mail geschickt, die wir gemeinsam studieren können.
C *(in der Rolle der Klientin)*: Oh wie toll, Mama! Ich bin froh, dass ich dich habe.
F: Du gerätst ganz nach mir. Ich bin so stolz auf dich.
C: Ich weiß, ich hab deine Gene. Ich bin auch ganz froh, dass ich nie diese Reise gemacht hab, dass ich mir nie wirklich einen Mann gesucht habe … *(aus der Rolle fallend, zur Klientin)* Hattest du schon mal einen Mann, länger?
Die Klientin nickt.
C: Der war aber nicht perfektionistisch genug, oder? Der war nicht perfekt. Den hast du rausgeschmissen.
Kl *(kopschüttelnd)*: Er hat mich rausgeschmissen.
C: Er hat dich rausgeschmissen?
Kl: Also wir haben darüber gesprochen, dass es keine Ehe mehr ist und dann hat er gesagt: Ich gehe.
C: Und wann war das?
Kl: Vor sechs Jahren.
C: Und wie lang wart ihr zusammen?
Kl: Fünfzehn Jahre!
C: Fünfzehn Jahre! Also der war schon halbwegs perfekt, der Mann?
Kl *(nickt)*: Ja genau.
C: Aber dann hat er gesagt: Nee, die Eva ist mir nicht perfekt genug. Die schmeiß ich raus.
Kl *(nickt)*: Genau. *(ergänzt)* Die ist langweilig.
C *(bekräftigt)*: Die ist langweilig. Die macht zu wenig Fehler.
Alle lachen.
C: Die tut immer so wild bei ihren Klienten, aber eigentlich ist da nix dahinter. Wie ihre Mutter. Die schreibt nur Einser. Die ist langweilig.
Kl: Ja.
C: Aber wild und gefährlich. Da gibt's doch ›Lebe wild und gefährlich‹ – Arthur. Kennst du die Postkarte?
Kl: Nein.
C: Es gibt so eine Postkarte, da steht so ein kleiner Junge mit aufge-

schürften Knien – so eine Schwarz-Weiß-Postkarte – und irgendwie abgerissen, steht da so ein ganz lieber Kerl *(spielt Unschuldslamm nach)* … da steht unten drunter: ›Lebe wild und gefährlich, Arthur‹.

Die Klientin lacht.

C *(lachend)*: Da muss ich irgendwie grad an dich denken.

Kl: Sehr schön.

C: ›Lebe wild und gefährlich, Eva.‹

Kl: Ja!

C *(ganz sanft)*: Nee! Das bist du nicht. Du bist angepasst, harmonisch und perfektionistisch.

Kl: In mir schreit alles: Nein, das ist nicht die Wahrheit!

C: Ich weiß, aber weißt du, das ist in dir drin. *(auf den Bauch deutend)* Wir sehen mal in dich rein, was da raus will.

Die Klientin stimmt zu.

Szene:

C *(verkrampft)*: Dieses Ding! *(Nervöse Musik setzt ein, C verzieht grimmig die Miene und blickt sich um).* Ich will hier raus! Ich will wild sein!

F *(streng)*: Nein, du bleibst hübsch da drinnen!

C *(blickt nach oben)*: Ich will hier aber raus! *(greift nach oben)* Ich komm da nicht hoch. Ich bin schon fast mal in die Luftröhre gekommen.

Die Klientin lacht.

F *(greift ein)*: Nein! Zurück! Bloß nicht ausbrechen. Du bist nicht der Ätna!

Die Klientin lacht.

C *(schnaubend)*: Ich will hier raus! Ich will wild sein! Ich will mal was ausprobieren. *(ruft den Namen der Klientin nach oben).*

F: Ja, Liebes! Das würden wir aller gerne hier unten. Aber nein, da gibt's keine Hoffnung für dich! Vergiss es!

C *(trotzig)*: Aber die anderen können das doch auch.

F *(legt zur Beruhigung die Hand auf Schulter von C)*: Du bist nicht die anderen.

C *(verzweifelt)*: Ich bin jetzt schon fünfzig Jahre hier drin.

F: Aus gutem Grund!

Die Klientin lacht.

C *(entschlossen)*: Ich spreng mich hier raus! Ich hab hier Dynamit.

F: Ach so, du meinst diese Magen-Verdauungs-Bläh-Mittel …

Die Klientin lacht.

C: Und dann schieß ich nach oben.

F: Da kommt nur heiße Luft raus, Liebes. Vergiss es! Wenn du explodierst, ist es bestenfalls ein kleiner Furz. Ein Pups … *(macht Pups-Geräusch).*

C: Sag nicht Furz, das gehört sich nicht. – Das würde Eva jetzt sagen.

Die Klientin lacht.

F: Werde bloß nicht rebellisch.

C: Ich sag jetzt Furz, Furz, Furz, Furz, Furz, Furz, Furz … und ich spreng mich jetzt …

F: … mein Gott, bist du wild! *(sarkastisch)* Huhuhu … du machst mir richtig Angst!

C: Ich will hier raus!

F *(zickig)*: … mein Gooott …

C *(zündet pantomimisch ihr Dynamit an)*: Achtung! … *(Zisch-Geräusch)* … Tschüss!!! *(erhebt sich vom Stuhl, als würde sie nach oben wegfliegen, die Musik untermalt die Explosion und endet). –*

C *(wieder aus der Rolle, zur Klientin)*: So was?

Kl *(nickt)*: Ja!

C: In zwanzig Jahren!

Kl: Nein! *(lacht)* Nicht in zwanzig Jahren.

C: Dann sehen wir mal, wie es wird, wenn du das machst. Wie du dann in zwanzig Jahren BIST, wenn du es gemacht HAST.

Kl *(neugierig)*: Oh, ok!

Szene:

C: Wir sehen dich in zwanzig Jahren. *(Musik setzt ein)* Völlig wild und gefährlich am Strand in Sizilien. Der Ätna brodelt, das ist dir scheißegal. *(Eine italienische Tarantella erklingt, C bewegt sich zur Musik).*

Und du tanzt in einem Hippie-Kleid am Strand entlang mit deinen ganzen Klienten, denen du die Perspektive zeigst. Guckt mal hier, von Süden, aus Sizilien nach Norden, nach Deutschland, und ihr seid frei und es ist ein unglaublich befreiendes Gefühl – was mich sehr zur Musik inspiriert.

Die Musik ändert von der Tarantella zu einem balladenhaften Song.

F *(fängt an zu singen, C untermalt körperlich das Lied)*:

Jahrelang war ich wie ein verstockter Vulkan.
In mir brodelt es und ich wusste, dass ich was kann.
Habe ich einmal diese Magen-Verdauungs-Mittel genommen
Und hab ich mich aus dem ganzen Sumpf freigeschwommen.
Ja, ich wusste, dass ich was kann.
In mir steckt mehr als eine Frau und ein Mann.
Ja, ich wusste, dass ich was kann.
Ich bin explodiert
und sodann – ist es passiert

C *(singt die zweite Strophe)*:

Ich bin frei und fühl mich auch so.
Ich bin frei – so frei –

Die Klientin reagiert sichtlich berührt.

Und tanze ich am Strand und bin wild und gefährlich

Die Klientin lacht.

So wie Arthur damals auf dieser Karte.
Meine Knie sind wund, ich habe Achselhaare
Und es ist mir scheißegal.

Die Klientin lacht.

F: *Crazy Eva im Katastrophengebiet*
Crazy Eva im Katastrophengebiet.
Crazy Eva, die singt ein Lied
Im Katastrophengebiet.

Musik endet. Szene vorbei.

Kl *(atmet tief durch und nickt)*: Ja!

C: Und das in deinem hohen Alter.

Kl *(nickt zustimmend)*: Es fängt erst an.

C: Es fängt erst an. Mein Gott, du bist ja richtig rebellisch. Ist ja unglaublich. Wann hast du denn vor, so eine Reise zu machen?

Kl: Im September.

C *(überrascht)*: Im September?

Kl: Es ist schon gebucht.

C: Ach?

Kl: Ja! Also zuerst hab ich das nur für mich gebucht. Dann kam mir die Idee: Hey, wie cool, die zweite Woche kann man genau das ausprobieren.

C: Und du hast schon Teilnehmer, die da mitmachen?

Kl: Nein. Aber die kommen noch. Bin ich überzeugt. *(lacht)*

C: Du überrascht mich jetzt richtig.

Kl: Ja.

C *(skeptisch)*: Aber nicht, dass du wieder kalte Füße vorher kriegst.

Kl: Das ist die Schwierigkeit, dass ich mich nicht zeige und dass ich dann die vierzehn Tage mit mir verbringe.

C: Genau! Eben! Weil ich meine, du sitzt jetzt bei deinen Aktenordnern und wartest drauf – ich würde das auch niemandem sagen, dass du das machst, damit auch bloß keine kommen, die da mitmachen …

Kl *(zustimmend)*: Ja genau!

C: Eben! Nicht, dass dann jemand kommt und sich wirklich anmeldet und dann musst du dich ja um den kümmern oder um die.

Kl: Ja genau! Wer weiß, was das auslöst.

C: Scheiße! Eben! Deswegen: Das ist sehr weise von dir, dass du das alleine gebucht hast und alleine da hinfährst. Und dann kannst du immer sagen: Ich hab's versucht. Es ist halt niemand gekommen.

Kl: Genau! Ich hab's ja gebucht. Es ist keiner gekommen.

C: Eben! *(mit seitlich vorgehaltener Hand)* Ich hab's auch vorsichtshalber niemandem gesagt.

Die Klientin nickt.

C: Weil, es ist viel zu gefährlich.

Die Klientin lacht.

C: Deswegen lass es! Promote es nicht! Sag es niemandem! Dann kann auch nichts passieren.
Kl *(ironisch)*: Aber ihr behaltet das jetzt auch für euch, ne?
C: Genau. Wir veröffentlichen es nicht.

Szene:
F und C machen Pssst-Geste mit der Hand. Die Klientin lacht.
F *(geheimnisvoll)*: Hast du das gehört, da gibt's so eine ganz wilde, verrückte Frau – also sie tut so, als ob sie ganz wild und verrückt wäre …
C: Meinst du die Eva?
F: Jaaa … und die hat eine Reise gebucht.
C: Die will da sogar Leute mitnehmen.
F: Die ist voll crazy.
C: Ich ruf da mal an. *(etwas lauter)* Ich will da mitfahren.
F macht wieder Psssst-Geste.
C *(leiser)*: Ich will da mitfahren.
F *(ganz leise)*: Tu's nicht!
C: Komm mit!
F *(flüsternd)*: Nein, nein, nein – tu's nicht!
C: Warum nicht?
F *(flüsternd)*: Ich glaub, die will das nicht.
C: Du meinst, sie will das nicht?
F: Ich glaub, die müsste sich um ums kümmern.
Die Klientin schwitzt leicht beim Zuschauen.
C: Sie will uns aber glaub ich, was beibringen.
F: Ja, die will immer jemandem was beibringen, aber sie traut sich nicht, die ist immer so kurz davor.
C: Die ist so ein kleiner Schisser.
F: Genau, es ist immer dieses kurz davor.
Kl *(lachend)*: Genau!
F: Sie hätt's beinah gemacht.
C: Beinah. Die ist zwar schon Fünfzig, aber die ist immer noch ein Schisser.

F: Ja.

C: Einmal Schisser, immer Schisser.

F: Ja.

C: Das steht wahrscheinlich irgendwann mal, wenn sie so ein Grab hat, drauf: Sie war ihr Leben lang ein Schisser.

F *(nickt zustimmend)*: Und willst du mit so einem Schisser in ein Katastrophengebiet reisen?

C: Zum Ätna?

F: Ja.

C: Ich weiß nicht.

F: Ich würde gerne zum Ätna reisen, aber doch nicht mit einem Schisser.

C: Nee, das machen wir nicht. Wollen wir das alleine organisieren?

F: Wir machen es alleine. Genau!

C: Wir suchen uns ein paar Leute und machen das selber.

F: Wir machen das selbst, genau!

C: Eben!

F: Wenn es die Eva nicht macht, machen wir das einfach.

C: Genau!

Die Klientin nickt beim Zuschauen.

F: Stimmt!

C: Wenn sie uns nicht anruft, dann machen wir es halt alleine.

F: Wir machen's alleine.

C: Ja, find ich gut.

F: Ja!

C und F blicken gleichzeitig zur Klientin. Diese hält den Daumen hoch und lacht.

C: Also mach's alleine. Da bist du safe!

Kl *(nickt)*: Das war der richtige Drive jetzt! Danke!

C und F lachen.

C: Du könntest auch einen mitnehmen oder eine.

Kl: Genau.

C: Vielleicht wird's der Mann fürs Leben.

Kl *(achselzuckend)*: Wer weiß?

C *(spricht, als würde sie eine Zeitungs-Annonce vorlesen)*: Suche einen Teilnehmer, männlich, bin Fünfzig, sehe gut aus und sehe wilder aus als ich bin. Komm mit zum Ätna!

Kl *(lacht)*: … der grad ausgebrochen ist.

C *(lacht)*: Genau! Egal – ich bin wild! – Sowas.

F: Beziehungen, die in Katastrophensituationen geknüpft werden, überleben aber das erste halbe Jahr nicht. Das weißt du.

C: Ach so, stimmt! Blöd! Nee, dann lass es lieber! Fahr doch lieber alleine. Es ist alles schon wieder viel zu riskant.

Kl *(lacht)*: Ich bin total durchgeschwitzt – ich hab nichts gemacht.

Alle lachen.

Kl: Und die Schminke ist verlaufen. Ich hab mich extra aufgehübscht. *(lacht)*.

C: Man sieht's nicht. Weißt du, Zoom hat bestimmt so Filter. Man sieht nicht, dass was verlaufen ist.

Kl *(lachend)*: Ja, genau!

F: Und jetzt stehst du noch nicht mal am Ätna, wo es schon tausend Grad heiß ist.

Kl *(nickt)*: Ja.

F: Du sitzt einfach nur in dieser wunderschönen Dachwohnung, vor deinen Leitz-Ordnern *(diese sind im Hintergrund im Regal der Klientin zu sehen)* und kommst allein bei dem Gedanken schon ins Schwitzen.

C: Wir sehen noch einen letzten Blick der Leitz Ordner, die jetzt Angst haben, dass du gehst.

Szene:

C und F rücken näher zusammen und spielen wieder die Leitz-Ordner.

C *(angstvoll)*: Sie hat eine Reise organisiert.

F *(ebenso verängstigt)*: Oh nein!

C: Was können wir tun, dass sie da bleibt?

F: Wir sind Leitz-Ordner!

C: Wir können rausfallen und total unordentlich werden.

F: Genau.

C: Dann muss sie aufräumen.

F: Genau. *(Er macht Rutschbewegung auf dem Stuhl, als ob er sich vornüber aus dem Regal stürzen möchte).*

C: Das machen wir kurz bevor sie fährt.

F: Unbedingt. Ja!

C. Dann fährt sie nicht.

F: Dann fährt sie nicht. Ja! Wir müssen dafür sorgen, dass die Wohnung unordentlich wird.

C: Ja! – *(als Regieanweisung)* Schnitt: Einen Tag vor der Reise. – Jetzt! Komm! Wir springen!

C und F spielen, als ob sie sich verhakt hätten.

C: Ich komm nicht raus!

F: Es hat sich verhakt!

C: Gib mir einen Schubs!

C und F fallen aus dem Bild.

Die Klientin lacht.

C und F spielen das am Boden liegende Chaos.

F: Räum uns auf!

C: Eva, räum uns auf!

F: Ordne uns ein!

C: Du kannst morgen nicht fahren! Du musst uns aufräumen!

F: Jaaaa, bleib hier!

C: Bleib hier! Hier ist es ganz sicher.

F: Deine Wohnung verwandelt sich in ein Katastrophengebiet, wenn du weg bist.

C: Oh mein Gott!

C und F kommen wieder hoch und blicken zur Klientin.

C: Also überleg's dir gut, ob du fährst.

Kl: Ich überleg mir das gut.

Reaktion direkt danach:

C: Wie geht's dir? Du hast geschwitzt, hast du gesagt.

Kl: Ja. Gut geht's mir.

C: Was für Emotionen kamen noch hoch oder sind noch da?

Kl: Also schon auch diese Bestätigung: Zappel nicht so rum! Mach nicht so rum! Geh einfach los! Es ist doch alles da. Es kam auch Angst. Die Bestätigung, dass da Angst ist, kam auch. Und ich merke es einfach nur immer, wenn es mich berührt, dass dann die Tränen kullern und dass es so in der Tiefe arbeitet, wenn mir so heiß wird, wie gerade eben.

Alle lachen.

C: Schreib uns auch gerne eine Mail, irgendwann demnächst, wenn noch irgendwas passiert ist. Oder wenn du vielleicht auf Sizilien bist, wer weiß?

Kl: Mit Fotos.

C: Mit Fotos …

Kl *(ergänzend)*: … der Teilnehmer!

C: Ach so, ich wollte grad sagen. *(hält pantomimisch ein Smartphone hoch und deutet an, dass auf jedem Bild nur die Klientin zu sehen ist).* Eva vorm Ätna, Eva neben dem Ätna …

F: Eva hinterm Ätna, Eva in der Pizzeria …

C: Eva am Strand.

Alle lachen.

Kl: Werde ich machen.

C: Sehr gerne. Vielen Dank, dass du mitgemacht hast.

F: Danke dir!

Kl: Vielen vielen Dank an euch! Es ist ein Vergnügen.

C: Für uns auch! Danke dir! Tschüss!

Fall 2: Meine Ex-Frau stresst mich

Kl: Es geht um ein Beziehungsthema und speziell darum, wie ich damit umgehen kann, wenn das Gegenüber nicht mehr kommuniziert.

C: Also deine Exfrau redet nicht mehr mit dir, die blöde Kuh. Genau.

Kl: Die redet nicht mehr mit mir, also auch generell … auch per email kriege ich nur irgendwelche Ansagen und ansonsten läuft alles über die Anwälte.

C: Du musst ja ein schrecklicher Mensch sein, dass sie nicht mehr mit dir reden will. Was hast du denn Furchtbares getan, dass die Frau nur noch über Anwälte mit dir redet?

Kl: Ich bin ich. Also … ich kann es dir nicht sagen. Wie gesagt, letztes Jahr, das kam urplötzlich. Ich hab auch keine Anzeichen gesehen. Ich wurde sprichwörtlich vor die Tür gesetzt, hatte drei Wochen Zeit, mir eine neue Wohnung zu suchen, mir einen neuen Hausstand aufzubauen, etc. pp. Was dann noch alles mit dranhängt. Ähm. Ich hab auch bis heute keine richtige Begründung von ihr. Was ich allerdings gemacht habe, ist, letztes Jahr, ich hab noch versucht, eine Paartherapie einzuleiten oder war auch selber bei einer NLP-Trainerin, weil ich immer den Eindruck hatte, mir wurde es vermittelt, ich wäre halt der Störfaktor. Ähm … Fakt ist, dass meine Exfrau – mir gefällt der Begriff nicht so – also meine ehemalige Noch-Frau – sag ich mal …

C *(lacht)*: Ehemalige Noch-Frau …

Der Klient lacht.

Alle lachen.

C: Sehr schön. Wunderbar. Deine ehemalige Noch-Angetraute …

Kl *(lachend)*: Genau.

C: Die hat dich von einem Tag auf den anderen abgeschossen … Es ist ja meistens so, dass Frauen schon ungefähr drei Jahre sich innerlich trennen, aber nix sagen und dann plötzlich die Scheidung einreichen. Und die Männer denken sich: HUCH! Was ist jetzt los?

Kl: Genau. Es waren nur zwei Jahre. Es war 2018 laut Aktenzeichen der Anwältin, aber trotzdem … und das kam erst nach und nach raus

C: Ok. Was wirft sie dir dann vor? Also, warum bist du in ihren Augen der Abschaum?

Kl: Ähm. Ich weiß es nicht.

C: Sie sagt gar nichts.

Kl: Nein.

C: Du weißt überhaupt nicht, was los ist.

Kl: Sie hat während der Ehe auch nicht kommuniziert über ihre Gedanken. Ich war schon immer der kommunikativere Part und bin auch ein, ich sag jetzt mal, bis an die Schmerzgrenze offen und ehrlicher Mensch. Also ich sag manchmal auch Sachen, wo ich dann im Nachhinein denke ›Aah, das hättest du jetzt vielleicht …‹

C: Du bist nicht diplomatisch. Du bist dann eher so brutal direkt und sagst ›Du siehst scheiße aus!‹

Kl *(schmunzelnd)*: Jooo, Ja.

Der Klient lacht laut.

C: Das hast du vielleicht einmal zu oft gesagt. Weißt du … und dann dreht sie sich jetzt um und sagt ›Mit diesem Idioten will ich nix mehr zu tun haben. Das war einmal zu viel, dass er was gesagt hat. Ich bin jetzt beleidigt!‹ So was.

Kl: Wahrscheinlich.

C: Habt ihr auch Kinder?

Kl: Drei.

C: Ach du Scheiße. Und wie alt sind die denn?

Kl: 16, 14 und 7.

C: D. h. die sind noch nicht aus dem Haus, du wirst sie ja jetzt nicht los. Ihr habt die Kinder zusammen, d. h. du wirst bis an dein Lebensende mit dieser Frau in irgendeiner Form kommunizieren müssen und sie will nicht.

Kl: Richtig.

C: Genau. Und du bist so …

C tut so als würde sie an einer Tür kratzen.

C: … und willst mit ihr reden die ganze Zeit …

Kl: Nö, jetzt nicht mehr. Also irgendwann ist bei mir jetzt auch die Geduld am Ende.

C: Ja. Genau, d.h. das Problem ist, du willst dich da entspannen. Was ist dein Thema damit? Du bist gestresst, dass sie zumacht. Du würdest gerne mehr mit ihr reden. Was ist dein Anteil, wo du gestresst bist, wo du dich gerne entspannen würdest?

Kl: Es gibt ja Absprachen, die man treffen muss. Da kommt man nicht drum herum. Mehr oder minder, auch wegen Kindern usw. und da möchte ich, da ist es mein Ansatz, halt eine vernünftige – ich sag jetzt mal – Kommunikationsform zu finden.

C: Du hoffst immer noch drauf, dass die irgendwann mal wieder irgendwie nicht über die Anwälte mit dir kommuniziert.

Kl: Nee. Mittlerweile hab ich die Hoffnung ehrlicherweise aufgegeben. Es geht jetzt lediglich um mich, wie ich mit der ganzen Situation umgehe oder umgehen kann, wenn der Gegenpart sich dem Ganzen entzieht.

C: Naja, du hast jetzt eine richtig tolle Lebensaufgabe bekommen.

Der Klient lacht.

C: Wahrscheinlich ist das Karma und du hast im letzten Leben irgendeinen Scheiß gebaut, dass du jetzt … in der nächsten Lebensstufe, da hat dir jemand das jetzt hingesetzt …

Kl: Ja.

C: … dass diese Frau in deinem Leben ist, damit du damit umgehst, wie das jetzt ist in den Jahren bis die Kinder vielleicht … hmmm … bis das Jüngste 25 ist.

Kl: Ja. Karma is a bitch.

Der Klient lacht.

C *(lachend)*: Genau. Sonst wär dein Leben doch öde. Was machst du denn sonst? Dein Leben ist wahrscheinlich gut organisiert und langweilig. Jetzt hast du ein bisschen Pfeffer in diesem Leben. Ist doch geil.

Kl: Wie gesagt, also, ich hab drei Kinder, ich hab sonst keine Hobbys und sehr viel Freizeit …

Alle lachen.

Kl: Nein. Ansonsten fahre ich gerne Motorrad, Stand-Up-Paddel, ich bin ein sehr aktiver Part oder geh auch mit den Kindern gerne raus in die Natur … also …

C: Darfst du die Kinder sehen? Lässt sie dich sie sehen?

Kl: Ja, also, mein Sohn ist fest bei mir. Der hat definitiv gesagt: Nee. Er geht mit mir mit. Sofort nach der Trennung. Die Mädels, die Große, die kommt sporadisch, die ist jetzt mitten in der Pubertät, hat auch gerade ihren ersten Freund, ähm, also die kommt jetzt nicht regelmäßig. Die Absprache ist: Alle zwei Wochen habe ich mal die Kinder und die Kleine ist dann Mittwoch und Sonntag noch zusätzlich bei mir. Ähm. Ich hab mich jetzt, sag ich mal, von der Arbeit her zurückgestellt oder bzw. zurückgeschraubt … ähm. Ich arbeite jetzt sechs Stunden täglich, hab natürlich damit die Karriere mehr oder weniger gegen die Wand gefahren, sag ich jetzt mal, aber das war mir relativ egal.

C: Was machst du beruflich?

Kl: Ich bin bei einem – darf man das jetzt sagen? –

C: Sag mal einfach nur das Genre …

Kl: In der Automobilbranche.

C: In der Automobilbranche.

Kl *(lachend)*: Einem großen Automobilhersteller aus Ingolstadt …

C *(auch lachend)*: Genau. Ja, d. h. deine Karriere ist im Arsch, die blö de Ex-Frau hat dein Leben jetzt eigentlich versaut.

Kl: Nö. Nö. Nö. Überhaupt nicht. Momentan bin ich eher so auf dem Trip … also ich befasse mich sehr viel aktuell mit meinen Themen und auch … wie soll ich sagen, die Vergangenheit kann ich jetzt nicht ungeschehen machen, aber die Zukunft kann ich beeinflussen und von daher bin ich jetzt aktuell gerade dabei … ähm … der Verstand, der weiß das schon, aber das muss jetzt noch hier beim Gefühl ankommen. Also ich sag, eigentlich bin ich ihr dankbar, dass sie diesen Schritt gemacht hat, weil dadurch haben sich mir jetzt völlig andere Möglichkeiten eröffnet und ich bin aus dem goldenen Käfig raus.

C: Das ist doch wunderbar. Eben. Sei ihr dankbar!

Kl: Genau.

C: Bau einen Altar auf, zu Hause, für deine Ex-Frau und sei einfach dankbar! Knie nieder jeden Tag und sag …

Musik setzt ein.

C: … vielen Dank. Nächstes Mal hab ich andere Auswahlkriterien für eine Frau. Ich nehme eine, die mehr spricht, die ein bisschen aktiver ist, die schneller sagt, was sie will und was sie denkt, wo ich undiplomatisch sagen kann ›Du siehst zu fett aus heute!‹ Mehrfach.

Der Klient lacht.

C: … ohne, dass sie gleich nach zwei Jahren geht.

Kl: Ja.

C: Die ist wahrscheinlich eher so eine, die hat es in sich reingefressen und ist irgendwann abgezischt.

Kl: Mhm …

C: Und du bist wie du bist. Das sagst du ja auch. Du willst dich ja auch nicht groß ändern. Du bist ganz zufrieden wie du bist.

Kl: Eben. Und ich hab auch einen Partner gesucht und mein Eindruck ist, sie suchte eher eine Vaterfigur, weil der Neue ist jetzt auch eine ganze Ecke älter als ich.

C: Das ist doch wunderbar. Die hat dein Leben eigentlich gerettet. Wo ist das Problem? Dein Sohn ist bei dir, die Mädels sind bei der Mutter. Du möchtest es gerne so haben, wie du das gerne hättest. Du hast bestimmte Vorstellungen. Du würdest gerne normal mit ihr sprechen und nicht über einen Anwalt. Und du würdest auch gerne, dass dich das nicht mehr ärgert, dass es nur über einen Anwalt kommt, aber du bist halt so ein Ärgerbolzen.

Kl: Ja.

C: Das warst du schon immer!

Kl *(lachend)*: Ja. Wahrscheinlich. Ja, ich bin ein total ekelhafter Typ.

C: Ein total ekelhafter Typ. Du siehst auch so aus. Du siehst wahnsinnig ekelhaft aus. Ich verstehe das total, dass das alle im Umkreis von drei Kilometer denken.

C und F gucken total angewidert.

C. ›Oh Gott, der ist so ekelhaft!‹ Die Menschen reagieren so.

Szene:

F *(berührt C mit einem Finger, zuckt zurück und sagt)*: IIIIIIIIgitt!

C *(guckt immer noch total angewidert)*: Genau. Der ist wieder daaa!!!! Ekelhaft.

F: Und der will dauernd reden und kommunizieren und so offen und ehrlich und direkt.

C: Pfui Deibel.

F: So undiplomatisch.

C: Undiplomatisch ist der auch. Hast du schon mal von dem gehört? Der hat drei Kinder.

F: Kein Wunder, dass den die Frau rausgeschmissen hat.

C: Der ist einfach ekelhaft. Der tut immer so nett. Der sieht so nett aus, aber eigentlich ist der so innerlich ›bääääääh!‹ Da ist so ein schwarzer Rauch in dem drin. Und das kommt dann irgendwann raus. Der ist einfach fürchterlich.

F: Grauenvoll.

C *(an Kl)*: So bist du!

Kl: Ja.

C: So sieht dich jedenfalls deine Ex-Frau. Hast du eine neue Freundin?

Kl *(zögert)*: Nein.

C: Das kam jetzt sehr zögerlich. Du bist dir nicht ganz sicher?

Kl: Ähm … ja, weil ich bin mir noch nicht so ganz sicher bin, ob ich da überhaupt wieder Lust drauf habe. Also …

C: O.k. Es ist ja auch viel besser so. Dann hast du den ganzen Stress nicht mit diesen Weibern, die nicht reden oder zu viel reden oder weiß ich nicht und Kinder hast du jetzt auch genug.

Kl: Oder erstmal herausfinden, was ich überhaupt will … das ist ja auch schon mal wieder so was …

C: Du, bleib allein! Wie alt bist du jetzt?

Kl: Ähm … 45.

C: 45. Wie lange wart ihr zusammen?

Kl: 16 Jahre.

C: 16 Jahre. Du hast mit ihr drei tolle Kinder gekriegt oder sind die auch so missraten wie deine Ex-Frau?
Kl: Nein. *(ironisch)* Da hab ich natürlich dafür Sorge getragen, dass die halt richtig züchtig erzogen wurden.
C: Wenn ich mir jetzt so vorstelle, diese drei Kinder, die beiden Mädels sind bei deiner Ex-Frau meistens, Ex-Angetrauten-Frau …
F: … Noch-Frau …
C: … Ex-Frau-Noch-Angetraute …
Der Klient lacht.
C: Und der Sohn ist bei dir … Ich hab ein Bild vor mir: Die sitzen zusammen irgendwo im Wohnzimmer vielleicht bei deiner ehemaligen Gattin und unterhalten sich über ihre Eltern. Wir haben hier mal zwei davon. Wir nehmen mal deinen Sohn und die größere Tochter. Die sitzen zusammen und unterhalten sich über euch zwei Streithähne.

Szene:
C *(rollt die Augen)*: Oh mein Gott, ich liebe ja wirklich meine beiden Eltern, aber die zwei zusammen … ich bin so froh, dass die sich getrennt haben. Die gehen mir so auf den Senkel.
F: Ja, war leider auch abzusehen.
C: Es ist fürchterlich. Die sind ja wirklich beide auf ihre Art irgendwie cool, aber ich bin so froh. Ich finde schön, dass wir uns noch ab und zu … ich bleib mal ein bisschen bei Mama und beruhige sie. Wie geht's denn Papa?
F: Ja, Papa ist immer wahnsinnig direkt, kommuniziert viel mit den Anwälten …
C: Ach so.
F: Ja.
C: Mama hat so ein bisschen geweint, aber sie hat jetzt so einen Neuen. Der ist so alt. Das ist so ein alter Sack, weißt du. Der ist 20 Jahre älter.
F: Die braucht halt immer so einen Sugar-Daddy.
C: Ja, wahrscheinlich. Ich versteh's gar nicht.

F: Die kam halt mit Papas direkter Art nicht so klar.

C: Nee. Nee.

Der Klient lacht.

C: Ich glaube auch nicht.

F: Wir Männer sind da einfach anders als ihr Frauen.

C: Ja, du bist ja auch manchmal so ein bisschen komisch. Du kommst ganz nach Papa.

F: Ich bin halt direkt und ehrlich. Ich sag einfach, was Sache ist. In diese Jeans passt du nicht mehr rein.

C *(entsetzt)*: Das ist eine Unverschämtheit. Mama!!!!!

F: Du sprichst ganz schön viel für eine Frau. Mama spricht ja auch nicht so offen. Sie ist auch eher zurückhaltender, schweigsam.

C: Mama!!! Der hat gesagt, ich bin zu dick!

F: Schweigsam.

C: Und schweigsam …

F: Manchmal.

C: Manchmal.

Szene vorbei.

C *(an Kl)*: Könnte das sein, dass die sich so unterhalten?

Kl: An der einen oder anderen Stelle durchaus. *(lacht)*.

C: Was ist nochmal genau das Problem? Du würdest es einfach gerne so haben, wie du es gerne willst …

Kl: Ähm … hmmm … jein. Also ich würde gerne mit ihr kommunizieren wie erwachsene Menschen halt. Kommunizieren, reden … Absprachen treffen, etc.

C: Ja, aber weißt du, die dumme Kuh will das nicht so wie du das willst.

Kl: Nö.

C: Du könntest dich auch die nächsten 30 Jahre darüber aufregen oder sagen: Okay, dann schreib ich halt dem Anwalt. Aber du bist so ein Starrkopf, oder? Bist du ein bisschen so ein Widerborst? Hmm???

Der Klient grinst und nickt.

C: Das war ein Ja.
Alle lachen.

C: Du bist widerborstig und stur und direkt. Meine Güte, das heißt du beschimpfst die Anwälte dann auch? Oder was machst du?
Kl: Nö, ich leite halt dann die e-Mails, die ich von ihr bekomme, an meinen Anwalt weiter und der schreibt halt ihrer Anwältin wieder. Und so läuft dann die Kommunikation ab. Das Problem ist, wenn ich ihr direkt eine e-Mail schreibe, dann kommt ein Brief von ihrer Anwältin, ich solle das bitte unterlassen und irgendwelche Drohungen, etc. pipapo.
C: Eben. Du gehst dann auch hoch. Weißt du. Du bist nicht diplomatisch, auch da nicht. Da kommen dir dann schon so der Schaum und der Rauch und alles überall raus.
Kl: Ja.
C: Und das kriegen dann alle ab. Kein Wunder, dass die sich schützt. Sie hat keinen Bock mehr da drauf. Sie sagt: Schalten wir lieber irgendwelche Instanzen dazwischen, wir können auch noch drei, vier Anwälte weiter, dann wird es immer mehr abgepudert.
Kl: O.k.
C: Diese ganze Aggression, die du ihr da vor die Füße knallst.
F: Wir sehen mal die beiden Anwälte.

Szene:
C *(Anwältin der Frau)*: Oh, ich sag's dir, ich hab schon wieder ein Schreiben bekommen, es ist der Wahnsinn.
F *(Anwalt des Klienten)*: Ich meine, ich verdiene massig Kohle damit. Ich hoffe, dass sie die nächsten 30 Jahre sich gegenseitig noch dermaßen angiften.
C: Das wäre gut für uns.
F: Ja.
C: Man muss das ein bisschen pushen.
F: Jaaa, das wäre gut.
C: Geil. Wir formulieren um.

F und C schreiben beide sehr euphorisch und emsig Dinge auf.

F: ›Unterlass das, du Arsch!‹ Genau. Ach nein ›Unterlass das bitte, du Noch-Frau, du!‹

C: ›Drecksack!‹ hab ich geschrieben.

F: Ich habe schon meine Reise in die Karibik gebucht. Ich verdiene massig Geld mit den beiden. Das ist sensationell.

C: Ich auch.

F: Das ist unglaublich.

Die beiden Anwälte geben sich ein High Five.

C: Wir sollten irgendwie öfter zusammenarbeiten. Hast du noch mehr solche Klienten, die sich so …?

F: Na gut, ich mein, die beiden reichen ja wohl grad.

C: Reicht. Finde ich auch.

F: Die liefern Stoff und Futter für die nächsten 30 Jahre.

C: Give me five!!!

Die Anwälte schlagen ein.

F: Da ist echt was schiefgelaufen bei denen.

Der Klient lacht laut.

C: Ich komme mir vor wie in einem Kindergarten.

Kl: Absolut!!!

C: Ja.

C verstellt ihre Stimme ganz hoch und kindlich.

C: ›Du bist nicht mehr mein Freund!‹

Sie tut so, als haut sie dem anderen eine Schaufel auf den Kopf.

C: Schaufel auf den Kopf.

Der Klient nickt.

C: Das wäre auch so ein Bild. Ihr beide, deine Ex-Frau, Ex-Angetraute-Noch-Frau und du, ihr sitzt im Sandkasten …

Kl: Mhm …

C: Rückblick. Ihr seid beide … wie alt ist sie? Ist sie jünger als du?

Kl: Zwei Jahre jünger als ich. 43.

C: Genau. Das heißt du bist vielleicht 4, sie ist 2. Ihr sitzt im Sandkasten und spielt erstmal ganz friedlich.

Szene:

Musik setzt ein.

C baut eine Sandburg. F hilft dabei.

C *(mit Kinderstimme):* Toll.

F *(ebenfalls in Kinderstimme):* Schöne Burg geworden.

C: Toll macht.

F: Ganz toll.

C zerstört plötzlich die Burg. F untermalt mit einem lauten musikalischen Knall am Klavier. C grinst. F fängt an zu weinen und ruft nach seiner Mama.

C: Du bist nicht mehr mein Freund. Du doof.

F: Böse, böse, böse.

C haut F wieder durch einen musikalischen Knall begleitet.

F *(heult noch lauter)*: Jetzt haust du mich auch noch.

Szene vorbei.

C *(an Kl):* So ungefähr?

Kl *(grinsend):* Kommt hin.

C: Ich seh euch so vor mir. 30 Jahre vorher. Ja, genau.

Kl: Ja, ja. Doch. So kommt es mir auch manchmal vor.

C: Das ist großartig. Ich finde, das müsst ihr weiterbetreiben.

Kl: Absolut.

C: Da darf auch keiner nachgeben, weil ihr seid beide Sturköpfe. Du bist ein Starrkopf und sie.

Kl: Ja.

C: Ich finde das großartig. Ihr könnt, bis die Kinder aus dem Haus sind, das hört ja nicht auf, die verbinden euch ja immer, könnt ihr euch das Leben weiter so zur Hölle machen. Dann seid ihr pleite. Das ist großartig.

Kl: Das sind wir sowieso jetzt dann bald.

C: Eben. Dann ist eh wurscht. Dann könnt ihr euch auch wieder unter der Brücke treffen. Das ist auch geil. In zehn Jahren. Alles ist an die Anwälte gegangen. Die haben ein schönes Leben in der Karibik und ihr beide sitzt … wo wohnt ihr? In München?

Kl: Nee, in der Nähe von Ingolstadt.

C: In der Nähe von Ingolstadt. Das heißt, ihr sitzt unter eine Brücke in der Nähe von Ingolstadt, beide Alkoholiker in 30 Jahren, ohne Geld.

Szene. Musik setzt ein.

F und C spielen so als wären sie schwer drogenabhängig.

C: Wichser!

F: Noch-Frau!

C: Ich hab zwar kein Geld mehr, aber ich find dich immer noch scheiße!

F: Erzähl mir was Neues!

C stöhnt.

F: Dich muss man sich auch immer noch schön saufen.

F hickst.

C: Arschloch!

Der Klient lacht.

C: Hast du ein Bier?

F: Ich hab andere Drogen. Da. Spritz dir das rein hier!

F und C machen die Ärmel hoch, binden den Arm ab und spritzen sich Drogen.

Der Klient lacht.

C stöhnt.

F: Na, hat dich dein Sugar Daddy nicht mehr ausgehalten?

C: Neee. Der hat sich ne andere gesucht. Der hat auch keine Lust mehr gehabt.

F: Ha. Bist du mal entsorgt worden. Jetzt weißt du, wie es ich anfühlt.

C *(an Kl)*: Es könnte so sein. Es könnte aber auch anders sein. Stellen wir uns mal vor, ihr einigt euch. Irgendwann. Sagen wir mal in 35 Jahren.

Der Klient lacht.

C: Wir wollen mal nicht zu positiv sein.

Szene. Romantische Musik.

C: Wir hatten schon echt ne krasse Zeit.

F: Ja, es war lang, aber ich bin froh, dass wir doch noch nach ein paar Jahren die Kurve gekriegt haben.

C: Beim ersten Enkelkind haben wir es wieder geschafft.

F: Da haben wir es geschafft. Ja. Bei der Hochzeit hattest du auch schon so ein bisschen …

C *(verschämt)*: Jaaaaa …

F: Du sahst auch damals ganz gut aus.

C: Was heißt damals?

F: Entschuldigung, ich bin so offen und direkt immer. Ich mein, Du siehst auch immer noch gut aus.

C: Und ich bin nicht mehr ganz so schnell beleidigt. Ich hab auch an mir gearbeitet.

F: Das weiß ich sehr zu schätzen und das freut mich sehr. Ich finde es einfach nur toll, dass du einfach nur hier bist, wir an dieser Tafel sitzen können und gemeinsam reden können.

C *(nickt)*: Das hat echt lange gedauert. Aber wir haben es noch geschafft bevor wir sterben.

F: Ja.

C: Grad so.

F: Wann ist es bei dir denn soweit?

C: Es dauert nicht mehr lange. Ich bin ja jetzt auch schon 76 … ähm … 74.

F: ich hab noch vor, die 8 davor zu kriegen.

C: Dann haben wir noch ein paar glückliche Jahre.

F und C *(gleichzeitig)*: Als Ex-Noch-Angetraute/r von dir.

Der Klient lacht.

C *(stöhnt wonnig auf)*: Guck mal, da kommt Resi. Sie ist jetzt schon 7.

Klaviermusik setzt ein.

F: Unsere Enkelin.

C: Ja. Und da kommt Peter. Er ist schon 12.

F: Wahnsinn.

C: Krass.

C *(guckt in die andere Richtung)*: Und Anna. Guck mal. Alle da. Die ist ja schon in der Pubertät.
F: Unglaublich.
C: Wir haben ja jetzt schon sechs Enkelkinder.
F: Es geht so schnell. Wo ist die Zeit nur hin?
C: Das klingt nach was Musikalischem finde ich. Es geht so schnell, oder so …

F fängt an Klavier zu spielen und zu singen.

Es geht viel zu schnell.
Wo ist die Zeit nur hin?
Eben noch zerstritten
Und schon läuft da ne Enkelin.
Ich hatte nach dir noch so viele Frauen gehabt.

C: Ich weiß.

Aber nicht so eine mit so vielen Anwaltsschreiben am Hacken.
Anwaltsschreiben heißt auch: nicht loslassen können.
Das hat mich begleitet ein paar Jahre noch.
Und doch
Hat sich's gebessert
Über die Zeit.
Und ich frag mich, wo ist die Zeit nur hin?
Jetzt bin ich bereit.
Mit dir.

C: Aber wir müssen nicht wieder zusammenkommen. Wir können einfach befreundet sein, oder?
F: Ich bin ja wieder verheiratet.
C: Ach so. Ja stimmt.
F: Tut mir leid.
C: Nee. Ist alles gut. Und ich will auch gar nicht mehr.
F: Ich habe eine Noch-Noch-Noch-Frau.
Der Klient lacht.
F: Und ….

C: Verstehe. Aber wir können vielleicht mal direkt miteinander reden.
F: Ja.
C *(erleichtert)*: Ah gut. Kaum sind wir über 70 …
F schnauft entspannt aus.
C: Gott sei Dank.
F: Gott sei Dank.
Der Klient klatscht und lacht.
C *(an Kl)*: Ist ein bisschen unrealistisch aus deiner Sicht jetzt, aber wer weiß.
Kl: Nö. Gar nicht mal so. Also … So in 35 Jahren könnte ich mir das durchaus vorstellen.
C: Und bis dahin ist es ein Kampf.
F spielt Kampf-Musik und C krampft sich zusammen und redet ganz verkrampft.
C: … wo er durch den Schlamm watet im Krieg. Weißt du, so zwei von verschiedenen Heeren, die sich so mit Schutzanzug da durch … aaaahhh … aaaahhhhh … zwei Heeresführer seh ich vor mir mit Atemschutzmaske. Ist gar nicht so unrealistisch im Moment.
C und F tun so als hätten sie Atemschutzmasken auf. Sie legen beide Hände vors Gesicht und atmen schwer durch die Schutzmaske.
C guckt zu F und F zu C.
C: Du Arsch!
F: Ich hätte nie gedacht, dass es neben der Pandemie noch was Schlimmeres gibt. Rosenkrieg mit der Noch-Frau.
Beide atmen immer noch durch die Atemschutzmasken während sie reden.
C *(an Kl ohne Maske)*: Das macht ihr gerade.
Der Klient ist sehr aufmerksam und lacht viel.
Kl: Ja, das ist mir alles durchaus bewusst.
C: Mhm. Aber es gibt keine Lösung, weil sie macht nicht, was du willst und du machst nicht, was sie will. Es ist ja auch keine Chance, dass du einfach sagst ›Komm, lass uns diesen Scheiß vergessen. Wir kriegen das anders hin.‹

Kl: Das Angebot war schon da.

C: Du hast es einmal gemacht und sie hat die Schotten dicht gemacht.

Kl: Nee, ich hab das öfter gemacht.

C: Öfter?

F: Du bist hartnäckig.

C: Und jetzt hast du keinen Bock mehr.

Der Klient nickt.

C: Du könntest vor ihrem Haus kampieren. Tag und Nacht. ›Ich bleibe jetzt hier so lange sitzen bis wir wieder miteinander reden.‹

Der Klient lacht laut auf.

C *(in der Rolle der Ex und ihres Neuen)*: ›Wer sitzt da vor deiner Tür?‹ – ›Ach, das ist nur mein Ex.‹

F *(ergänzt)*: … mein Noch-Mann.

C: Genau. ›Der sitzt da schon seit ein paar Jahren und versucht verzweifelt, Kontakt aufzunehmen‹ – ›Mhm‹.

Der Klient lächelt und nickt.

C: Aber du hast ja auch einen Stolz, weißt du? Irgendwann ist auch gut.

Kl: Jooooo.

C: Vor allem. wer weiß, was da rauskommt. Wenn du jetzt plötzlich … Du würdest ja zu Kreuze kriechen. Und du würdest hartnäckig sein. Wir wissen ja, wenn es zu lange dauert und du zu lange diesen Dampfkochtopf in dir drin spürst, dann wird es eklig. Du bist dann sehr direkt.

Kl *(nickt die ganze Zeit)*: Ja.

C: Und kotzt es dann aus. Und das findet sie nicht gut. Und du kannst dich ja auch nicht kontrollieren, weil du bist wie du bist. Das hast du gesagt.

Der Klient nickt.

C: Eben. Genau. Und sie ist auch wie sie ist.

C macht eine zickige Bewegung mit der Hand. Sie macht auf beleidigt.

C: Ich will nicht mehr!

Der Klient lacht.

C: Und du sagst ›Aaaaahhhh!!!!!‹ Das ist wirklich geil. Sie macht die Schotten dicht mit lauter Anwaltsschreiben und bricht den Kontakt ab, weil sie Angst hat, du kotzt ihr wieder vor die Füße.

Kl: O.k.

C: Oder?

Kl: Also aktuell kotze ich ihr nicht vor die Füße, weil …

C: Geht ja nicht. Nö.

Kl: Ich mach gar nix mehr.

C: Nö. Sie hat gewonnen. Sie hat geschafft, was sie wollte, dass du ihr nicht mehr vor die Füße kotzt. Mhm. Weil du kannst ja nur entweder kotzen oder total dich zurückziehen. Und das hat sie geschafft.

Kl: Mhm.

C: Mittelweg gibt es nicht mehr.

Kl: Aktuell nicht. Zumindest seh ich das aktuell nicht.

C: Naja, vor der Tür campen könntest du noch. Ganz lieb.

Der Klient windet sich.

C: Neee. Das kommt für dich nicht in Frage.

Kl: Aus dem Alter bin ich schon raus.

C: Ich weiß. Das kommt alles für dich nicht in Frage. Also musst du damit leben, dass es so weitergeht. Du bist jetzt genauso stur wie sie. Und ich meine mit über 40 kannst du auch nix mehr ändern. Du bist ein sturer Bock.

Der Klient lacht.

C: Du hast alles versucht und jetzt ist es abgehakt. Bums.

Kl: Nicht ganz. Ich hab die Hoffnung noch nicht aufgegeben. Ich hab jetzt letztens einen Tantrakurs angefangen.

C und F *(erstaunt)*: O.k.?!

C: Du könntest sie ja fragen: Meine Liebe ehemalige Ex-Angetraute, möchtest du mit mir einen Tantrakurs machen?

Der Klient lacht laut.

C: Die denkt sich ›Was hat er jetzt?‹

Szene:
F: Wir können das alles übers Tantra lösen. Die ganzen Blockaden und so …
C: Meinst du? Ich zieh mich schon mal aus.
F: Ja, mach dich nackt.
Der Klient lacht.
F: Ich reibe dich jetzt vier Stunden hier am Oberarm.
F reibt C am Oberarm. C stöhnt wohlig.
F: Jetzt schon?
C: Es hilft.
F: So schnell?
C: Ja. Mensch, warum hast du das nicht schon in unserer Ehe getan?
F: Ich hab den Tipp auch erst vor kurzem bekommen, dass man Tantra machen soll.
F reibt weiter an der Schulter von C.
F: Faszinierend.
C: Krass.
Der Klient lacht.
C: Voll krass.
F *(reibt weiter)*: Nur hier drücken und reiben.
C *(an Kl)*: Das ist unrealistisch, dass sie darauf eingeht.
Kl: Ja.
C: Die geht auf gar nix ein, was du gerade machst. Du bist wie so ein Hamster im Laufrad … *(überlegt kurz)* Du bist eigentlich kein Hamster im Laufrad mehr, weil du gar nichts mehr machst.
Kl: Nö. Eigentlich bin ich aus dem Rad schon ausgestiegen.
C: Du wirkst auch eigentlich ganz zufrieden.
Kl: Zum größten Teil ja.
C: Zum größten Teil. Du willst IMMER zufrieden sein. In JEDER Situation.
Kl *(denkt nach)*: Mmm … Nö, nicht unbedingt … Also, so ab und zu mal so angepiekst werden, ist schon ganz o.k.
Der Klient lacht verschmitzt.

C: Wahrscheinlich bist du Masochist. Du brauchst das Angepiekst werden.
Kl: Das kann sein. Ja.
C: Wenn da kein Piekser mehr kommt. Stell dir mal vor. Wir sehen mal eine Variante, wo keine Anwaltsbriefe mehr kommen. Plötzlich.
Der Klient nickt.

Szene:
C und F sitzen gelangweilt nebeneinander und gähnen abwechselnd. C sagt gar nichts und guckt nur gelangweilt.
F: Es passiert irgendwie gar nichts.
Pause.
F: Wo ist der ganze Nervenkitzel?
Pause.
F: Ich fühl mich so nutzlos.
Pause.
F stöhnt.
F: Es ist so still.
Pause.
F *(verzweifelt)*: Es passiert irgendwie gar nix mehr. Es ist so langweilig geworden … (gähnt).
C *(sagt als Regieanweisung)*: Bei ihr zu Hause.
C *(seufzt in der Rolle)*: Ich würde gerne mal wieder so einen ekligen Anwaltsbrief losschicken.
Der Klient lacht.
C: Ich weiß gar nicht mehr, womit ich mich beschäftigen soll den ganzen Tag. Ich meine, die Mädels leben so ihr Leben langsam. Mein Sohn ist eh beim Papa. Der Sugar-Daddy arbeitet. Ich kann auch nicht den ganzen Tag mit dem schlafen. Auch öde. Ich brauch mal wieder ein Anwaltsschreiben. Ich brauch mal wieder ein bisschen Energie.
C stöhnt.
C: Aber ich hab gesagt, ich mach das nicht mehr.

F *(als Regieanweisung)*: Schnitt. Die beiden Anwälte.
F und C sitzen nebeneinander und schlafen schnarchend.
Der Klient lacht laut.
Die Anwälte wachen auf.
C: Wir brauchen neue Klienten. Es muss mal wieder Geld reinkommen.
F: Ich will mal wieder in die Karibik.
C: Oh Gott.
C *(an Kl)*: Siehste!!
Der Klient nickt.
C: Wäre ja langweilig.
Kl: Mhm.
Kl: Total unspektakulär.
C: Ja eben. Dann hättest du nix, über das du dich aufregen könntest. Ich meine, man könnte sich auch positive Aufregung holen, aber offensichtlich brauchst du das ja auch ein bisschen.
Kl *(lacht)*: Sieht so aus.
C: Ich weiß es nicht … also, wo ist nochmal das Problem?
Der Klient denkt nach.
Kl: Das Problem sitzt hier vor dem Rechner, oder?
Alle lachen.

C: Naja, ich fasse zusammen. Du bist wie du bist, du willst dich nicht ändern, sie schottet sich ab und ihr habt ein bisschen Action mit diesen Briefen und du hast auch sonst noch ein paar Hobbys, und von Frauen hast du eigentlich eh die Schnauze voll.
Der Klient lacht.
C: Du hast deinen Sohn. Das reicht. Da brauchst du auch nicht noch mehr Kinder.
Kl: Und ich mach einen Tantra-Kurs.
C: Und du machst einen Tantra-Kurs.
F berührt wieder Cs Schulter.
C stöhnt.
Der Klient lacht.

C: Vielleicht ist das gar nicht deine Ex-Angetraute, sondern eine andere Frau.

C *(an F)*: Mach weiter!

C stöhnt.

Alle lachen.

C: Aber ein Tantra-Kurs … du bist doch ein rationaler Mensch.

Der Klient denkt nach.

Kl: Mal was Neues ausprobieren …

C: Nee. Du musst dich weiter ärgern über die Anwaltsbriefe. Ich finde, das ist viel produktiver.

Kl: Ach so. Ok. Also kein Tantra.

C: Nee. Du musst zu Hause sitzen und dich über die Briefe aufregen. Das ist deine Lebensaufgabe.

Kl: Ich hab noch was. Ich hab einen Empathie-Coach.

C *(erstaunt)*: Aha. Du hast einen, der dir Empathie beibringt?

Kl: Ja. Und mit dem ich das auch übe.

C: Mhm.

Kl: Üben kann.

C: Das kannst du vergessen. Du bist genetisch empathielos. Sind deine Eltern auch so empathielos wie du? Oder sind die ein bisschen …

Kl: Ja.

C: Ja?

Kl: Ja. Definitiv. Ja.

C: Beide? Also Mutter und Vater?

Kl: Ja, also der Vater lebt nicht mehr, aber Mutter ja.

C: Dann weißt du ja, woher du das hast und warum deine Frau dich so scheiße findet.

Kl: Ja. Definitiv. Das hab ich alles schon erörtert … Wie sagt man? … äh … schon herausgefunden oder erarbeitet.

C: Hast du diese Empathieslosigkeit an deine armen Kinder weitergegeben oder überspringt das eine Generation? Oh Gott, die Enkel kriegen das dann ab.

Kl: Ich hoffe, dass es die Enkelkinder abkriegen.

C: Deine Kinder sind emphatisch?
Kl: Ja.
C: Also, wo ist das Problem? Du kannst eh nix ändern, weil es ein genetischer Defekt ist. Das haben wir ja jetzt festgestellt. Der Empathiecoach kann dir vielleicht so ein bisschen Techniken beibringen, aber du fühlst es ja nicht. Du bist ein direkter und undiplomatischer Klotz.
Kl: Ja.
C: Und deine Frau hat sich ein Schloss um sich umgebaut, eine riesige dicke Wand, damit du da nicht mehr durchkommst. Du könntest dir ja auch entweder keine Frau mehr suchen oder eine, die genauso empathielos ist wie du. Dann sitzt ihr zusammen … Ich habe ein Bild.

Szene:
C: Ihr sitzt zusammen auf der Couch. Du mit der neuen Frau.
C und F sitzen wie zwei Roboter nebeneinander, völlig emotionslos und gucken nach oben. Die ganze Zeit. Sie bewegen sich nicht.
C: *(monton)* SCHATZ, ICH LIEBE DICH.
F: *(genauso monoton)* JA, ICH LIEBE DICH AUCH. DAS SAGT MAN GLAUBE ICH SO.
C: JA, DAS SAGT DER EMPATHIECOACH ›ICH LIEBE DICH‹
F: MEIN EMPATHIECOACH SAGT …
F guckt auf einen imaginären Spickzettel.
F: DU SIEHST GUT AUS.
C: ICH GLAUBE, ICH MUSS JETZT DANKE SAGEN, ODER?
F: JA.
C: DANKE.
F: BITTE.
C: ES FREUT MICH TIERISCH.
Der Klient lacht.
F: ICH FREU MICH IMMER, WENN DICH WAS TIERISCH FREUT.
C: MHM.
F: ICH BIN EIN BEGEISTERUNGSFÄHIGER MENSCH.
C: ICH BIN AUCH TOTAL EUPHORISCH, GERADE JEZT VOR ALLEM.

F: JA:

C nickt.

F: ICH HABE GERNE GEFÜHLE, DIE PASSEN.

C: ICH AUCH. ICH FINDE ES TOTAL SCHÖN. ICH HABE ENDLICH DIE BEZIEHUNG GEFUNDEN, DIE ICH IMMER GESUCHT HABE.

F: ICH AUCH. JUHUU. DA HABEN WIR EINE GEMEINSAMKEIT.

C: JIPPII.

F: YEAH.

Der Klient lacht.

C: HURRAH.

C *(an Kl)*: Wäre doch auch eine Idee, oder?

Der Klient macht die Daumen hoch. Alle lachen.

Kl: Super!

C: Immer dieses ganze Emotionszeug. Ist doch grauenvoll.

Kl: Braucht keiner.

C: Braucht kein Mensch.

Kl *(lachend)*: Neee.

C: Lieber die Ratio. Da sind wir doch auch als Menschen so stolz drauf. Dieses ganze Mitgefühl und dieser ganze Scheiß. Bleib alleine! Guck, dass du deine Kinder großziehst, guck, dass die Enkel auch nicht so empathielos werden wie du. Wobei es wäre vielleicht gut. Du findest es ja gut.

Kl: Dann bleibt es in der Familie.

C: Eben. Und das abzugeben wäre ja auch ein bisschen blöd, oder?

Kl: Nee. Ich bin ja so ein Egoist. Ich will ja nix abgeben.

C: Das sagt auf jeden Fall deine Frau.

Kl: Ja. Zumindest vermittelt sie das.

C: Genau. Eben. Du bist ein Arsch. Aus ihrer Sicht.

Kl: Ja, jetzt wo du es sagst. Ja.

C: Findest du dich auch so scheiße wie sie oder findest du dich eigentlich ganz gut?

Kl *(schnauft)*: Eigentlich finde ich mich ganz gut.

C: Ja. Blöd. Also vielleicht solltest du doch deine Auswahlkriterien überdenken, was die Frauenwahl angeht.

Der Klient überlegt.
C: Möglicherweise.
Kl: Ja.
Der Klient lacht.
C: Du bist auch ziemlich geduldig, wenn du 14 Jahre mit einer Frau … war da irgendwas gut? Außer, dass ihr halbwegs vernünftige Kinder in die Welt gesetzt habt?
Kl: Ja, zwischendrin schon mal. So ab und an.
C: Das klingt wahnsinnig euphorisch gerade wie du das so erzählst.
Kl: Naja.
C: Zwischendrin war's mal so ein bisschen o.k.
Kl: Ja, so eine Trennung hinterlässt auch einiges und wenn man das so Revue passieren lässt die ganzen Momente, wo man vermeintlich glücklich war, das hat dann wieder so ein bisschen einen anderen Touch.
C: Kannst du dich erinnern, als du deine Ex-Angetraute-Möglicherweise-Noch-Frau zum ersten Mal gesehen hast?
Kl: Ja.
C: Hast du dich da gleich in sie verliebt oder war das erst später?
Kl: Das kam erst später. Weil am Anfang war klar ›da geht nix!‹. Mir wurde gesagt, das ist eine harte Nuss.
C: Ohhhhh.
F: Aaaahh.
C: Eine harte Nuss. Du hast so einen Ehrgeiz, harte Nüsse zu kna cken.
Alle lachen.
C: Der Nussknacker. Ist dir das schon öfter passiert?
F fängt an einen Tango zu spielen. C spielt ohne Wort eine richtig harte Nuss.
F singt:

Ich brauch ne harte Nuss.
Eine Frau mit viel Verdruss
Ich brauch ne harte Nuss.
Mit viel Entwicklungspotenzial

Ich brauch ne harte Nuss.
Dann kann ich mich am besten spüren.
Oh willst du mich nicht verführen.
Mmmmm.
Ich brauch ne harte Nuss.
C: Knack mich!
F: Ich brauch viel Verdruss.
C: Knack mich!
F: Oh ja, ich knack dich
Und dann sag ich, ich pack dich.
Ja, ich mag dich,
Denn du bist ne harte Nuss.
Ich brauch ne harte Nuss.
C: Knack mich!
F: Du sorgst für viel Verdruss
C: Knack mich!
F: Ich pack dich.
C: Knack mich!
F: Und danach sage, ich knack dich.
C: Mehr hast du nicht drauf?
F: Willst du mich heiraten?
Ich brauch Frauen, an denen ich wachse.

Der Klient lacht immer wieder laut dazwischen.

C: Vielleicht nächstes Jahr.

Ende des Liedes.

C *(an Kl)*: So vielleicht?

Kl *(klatscht und lacht)*: Herrlich.

C: Hach ja. Es ist auch schon die halbe Stunde um, sehen wir gerade.

Kl: Was? Schon rum?

C: Ja.

Kl: Das war jetzt sehr kurzweilig. Ich könnte euch noch ne halbe Stunde zuschauen.

Die Reaktion direkt danach:

C: Wie fühlst du dich gerade? Kam irgendwas hoch? Also ich mein, du bist ja gefühllos. Das haben wir ja festgestellt.

Kl: Ja.

C: Aber in diesem gefühllosen Körper, kam irgendwas hoch, was du benennen kannst?

Kl: Ja, so ein bisschen Glückseligkeit.

C: O.k. Glückseligkeit.

Kl: Aber nur ein bisschen.

C: Nur ein bisschen.

Kl: Nicht allzu viel.

C: Nicht zu viel!!!! Langsam.

Kl: Eben. Ich muss dosieren. Ja.

C: Also in zehn Jahren kommt dann das nächste Gefühl.

Kl *(denkt nach)*: Ja.

C: Weil, das darf nicht zu schnell gehen.

Kl: Nee. Auf gar keinen Fall. Das lass ich ja gar nicht zu.

C: Eben, wer weiß, wenn du das zulässt, was dann da rauskommt … Du brichst zusammen. Du implodierst in dir selbst. Deswegen: Gefühle sind gefährlich und die darf man nicht zulassen. Find ich gut. Bleib so. Dann hast du weiterhin solche Beziehungen.

C und F fallen zurück in die emotionslose Roboterszene.

C: ICH LIEBE DICH.

F: ICH DICH AUCH .

C: FINDE ICH VOLL SUPER MIT DIR.

F: JIPPIJAYEAH.

C: YEAHYEAHYEAH.

C *(an Kl)*: Genau.

Kl *(lacht und klatscht wieder)*: Super!

Alle lachen.

C: Vielen Dank, dass du mitgemacht hast.

F: Danke.

Kl *(lachend):* Ich danke euch. Das war super, war klasse!

Fall 3: Mein Selbstwert ist im Keller

C: Schön, dass du da bist.
Kl: Ja, ich freu mich auch.
C: Bei was können wir dir denn helfen?
Kl: Ja, also, mein vergangenes Jahr war ziemlich fies. Nicht nur wegen Corona, sondern weil einfach ganz viel zusammenkam. Mein Bruder ist gestorben, meine Mutter ist abgedreht, vollends und hat sich dann von mir ganz abgewendet, hat mich enterbt … ähm … den Job, den ich eigentlich haben wollte, hab ich nicht bekommen und dann zum krönenden Abschluss hat mich mein Mann verlassen. Aus relativ heiterem Himmel.
C: Also du hast so richtig die volle Breitseite abgekriegt.
F: Boah.
Kl: Genau. Und das waren dann so einzelne kleine Löcher, die dann natürlich sich kumuliert haben zu einem großen Loch. Und aus dem hab ich mich in den vergangenen Monaten versucht, rauszuarbeiten. Ich komme voran und ich hab mir auch Hilfe geholt und so weiter, aber ich bin so an einem Punkt, an dem ich grad echt zu knabbern habe. Und – jetzt mal abgesehen von dem Tod meines Bruders – aber die anderen Dinge haben damit zu tun, dass ich das Gefühl habe oder dass mir das Gefühl gegeben wird ›ich bin nicht gut genug‹. Um es jetzt mal so ganz tief zu formulieren ›Ich bin nicht liebenswert‹. Und das ist so etwas, woran ich echt gerade zu knabbern habe, dieses sich selbst dann trotzdem zu lieben. Ich hab dann manchmal so Übersprungshandlungen, Fressattacken z. B. Was natürlich dann blöd ist, weil das macht mich ja jetzt nicht irgendwie schöner oder liebenswerter.
Die Klientin lacht.
C: D. h. du bist wahrscheinlich auch ein totaler Perfektionist, oder?
Kl: Jaaaa, ich hab hohe Ansprüche an mich und auch an die anderen, aber eben auch an mich.
C: Du bist ein Karriereweib. Du hast eine Karriere hinter dir. Jetzt haut dir das Schicksal alles um die Ohren gerade. Davor ging ja al-

les ganz gut und jetzt … Du machst es halt nicht halb. Du machst es wenn, dann richtig. Richtig in die eine Richtung und richtig in die andere Richtung. Da kam die Pandemie usw. An was ist denn dein Bruder gestorben um Gottes Willen? Der muss ja dann so alt sein wie du ungefähr.

Kl: Herz. Schon älter als ich. Herz und dann dummerweise oder schlimmerweise in einer Zeit, in der man nicht reisen konnte. Er ist in Wien gestorben und ich war hier und … es war alles fürchterlich.

C: Ihr standet euch nah.

Kl: Gar nicht so. Schwieriges Verhältnis. Nichtsdestotrotz. Die Familie, die dann plötzlich sehr klein wird.

C: Ja, genau. Du bist jetzt eigentlich halbwegs alleine übrig. Was ist mit deinem Vater?

Kl: Mit meinem Vater habe ich einen guten Kontakt.

C: Der ist halbwegs so normal wie du.

Kl: Ja. Ich hab noch einen anderen Halbbruder. Der ist auch nicht normal. Mit dem … nö … meine Kernfamilie ist tatsächlich mein Vater und ich. Wir beide so quasi.

C: Da kannst du ja fast froh sein, dass die anderen abdrehen oder sterben …

Die Klientin stöhnt.

C: Das klingt brutal … Dein Vater und du seid übrig. Und ihr seid die einzig Normalen in diesem ganzen Haufen offensichtlich. Deine Mutter hat einen Schuss, das hast du ja schon gesagt, einen Knall irgendwie, dein Ex hat einen Schuss, der sowieso, ich mein, wenn er dich verlässt. Idiot.

Die Klientin hat Tränen in den Augen und lacht gleich wieder.

Kl: Ja, finde ich auch.

C: Dein Bruder hat sich jetzt verpisst, kann man so sagen. Der hatte die Schnauze voll. Ist ja manchmal auch so.

Die Klientin hat wieder Tränen in den Augen.

C: Wir haben ja auch einen Todesfall gehabt in meiner Familie. Mein Vater. Irgendwann wollen sie vielleicht nicht mehr oder so.

Kl: Ja.

C: Du hast jetzt noch deinen Vater. Eigentlich schon mal gut.
Die Klientin weint ein bisschen.
C: Ihr seid euch ja nah. Ist der auch in Berlin?
Kl: Nee. Der lebt in Bayern, und wir telefonieren einmal in der Woche. Das aber ganz zuverlässig. Ja. Ich werde auch bald mal wieder hinfahren. Jetzt geht das ja auch alles wieder entspannter. Und er ist geimpft. Ich bin auch bald durchgeimpft. Dann ist das alles gut.
C: Dann könnt ihr euch wieder treffen. Genau. D. h. aber das nützt alles nix. Du bist in der Familie, in der du selbst das Gefühl hast: Ich bin nicht gut genug, ich bin zu wenig wert, ich bin nicht liebenswert. Selbst dein Vater, der kann wahrscheinlich Liebe in dich reinschütten wie in ein schwarzes Loch und du glaubst es nicht.
F macht Schüttbewegungen.
Kl: Ja.
C: Der kann sagen ›Du bist ganz toll! Du bist ganz toll! Du bist ganz toll!‹
F: Schütt, Schütt, Schütt … Hallooooo ….
C: Genau. Und du denkst ›Nee, ist nicht wahr! Ich glaub es dir einfach nicht!‹
Kl schluchzt.
C: Ja. Wie alt bist du jetzt?
Kl: Ich bin 52.
C: 52. Du hast dich gut gehalten.
Kl: Danke.
C: Du siehst jetzt nicht aus wie 52. Dein halbes Leben hast du gekämpft, dass du nix wert bist irgendwie.
Kl: Ja.
C: Wie sollst du das denn jetzt noch ändern? Das ist ja irgendwie liebgewonnen. Das ist deine Identität: ›Ich bin nichts wert!‹
F: ›Ich bin nicht liebenswert!‹
Kl: Nicht liebenswert. Genau. Weil, dass ich was wert bin, ich mein, ich habe eine Karriere gemacht. Das glaube ich schon. Auch wenn ich jetzt an so einem Punkt stehe, wo es nicht so leicht weitergeht, wie es sonst immer gegangen ist und ich echt schon kämpfen

muss für etwas, was mir Spaß macht, wo ich das Gefühl habe, mich einsetzen zu können. DA bin ich gut genug.
C: DA bist du gut genug. Im Beruflichen ist es okay. Es ist nur privat. Bei diesen ganzen Pappnasen, die dir nahestehen, hast du das Gefühl: ›Aaaaaaahhhh!‹ Und jetzt hauen die auch alle ab oder werden verrückt oder sterben. Das ist natürlich noch blöder. Hast du bei deiner Mutter, also ich meine, wenn du mit der kein gutes Verhältnis hast, hast du mit der wahrscheinlich auch dieses Gefühl NICHT gehabt, dass du liebenswert bist, oder? Das hat sie dir auch nicht vermittelt.
Kl: Als Kind glaube ich schon. Aber in dem Moment, in dem ich meinen eigenen Willen entwickelt habe – den hatte ich natürlich auch schon als kleines Kind, aber da war es noch nicht so tragisch – in dem Moment, in dem ich meinen Lebensweg verändert habe, haben die Probleme angefangen.
C: Du kannst doch nicht einfach als wohlerzogene Tochter nicht das machen, was deine Mutter für dich will. Also kein Wunder, dass sie sich abwendet. Ein eigener Wille geht gar nicht.
Die Klientin lacht.

F: Das ist für dich vorherbestimmt.
Kl: Sagt sie.
C: Ja, genau. Du musst dich entschuldigen. Du gehst jetzt zu deiner Mutter und sagst: ›Mama, ich hab es jetzt kapiert. Nur weil ich jetzt meinen eigenen Willen hatte, funktioniert es nicht. Deswegen komme ich zurück und ziehe zu dir und ich mach alles, was du willst.‹
Kl *(lachend)*: Sicher nicht!
C *(lachend)*: Sicher nicht. Naja, aber einen Tod musst du sterben. Um die Anerkennung deiner Mutter zu kriegen, musst du machen, was sie will. Das ist klassisch Mutter-Tochter. Du bist da nicht die einzige in Deutschland oder auf der Welt, wo das so ist.
Kl: Mhm … Mhm …
C: Die hat dir bestimmt auch ganz viele Schuldgefühle vermittelt.

Kl: Ja.
C: Gut. Großartig.
Kl: Ja. Ja. Da gibt es so einen zentralen Satz, wo sie meinte: ›Du bist moralisch nicht so geworden wie ich dich gerne erzogen hätte …‹
C: Süß.
Kl: ›… aber wahrscheinlich muss man so sein, um in dieser Welt Erfolg zu haben.‹
C: Ja, genau. Das ist eine schöne Doppelbotschaft. Wunderbar. Ich finde das großartig.
F: Es will wie ein Kompliment klingen.
C: Ja.
F: Eigentlich ist es eine Breitseite.
C: Und ich finde es großartig, dass die immer noch Macht über dich hat. Das ist super. Mütter sind ja immer schuld. Das wissen wir alle. Wir haben jetzt einen Sündenbock gefunden. Deine Mutter ist schuld, dass du so verkorkst bist. Das haben wir jetzt rausgefunden.
Kl: Ja, aber … ich bin aber schon alt genug, um die Verantwortung für mein eigenes Leben zu übernehmen. Ich kann ja nicht sagen, es ist immer meine Mutter.
C: Das sagst du so leichtsinnig, weißt du. Wenn du deine Mutter siehst, schrumpfst du wahrscheinlich … wie alt wirst du da, wenn du die siehst? Wenn du sie noch siehst …
Kl: Es kommt darauf an. Wenn ich nur auf mein Gefühl höre, dann bin ich irgendwie, weiß ich nicht, neun oder so.
C: Eben. Schau.
Kl: Wenn ich ihr gegenübertrete – also ich meine, wir haben ja keinen Kontakt mehr – aber davor bin ich ihr sehr rational gegenübergetreten, um sie sehr von mir weg zu halten. Da war ich natürlich erwachsen.
C: Aber es nützt nix. Innerlich … Du bist zwar die rationale Coole gewesen, rein nach außen, aber innerlich bist du neun. Vielleicht mit Zöpfchen und Zahnspange oder so …
C spielt die Neunjährige.

C: Oh Gott Mutter. Ich tu jetzt mal auf taff.

Kl: Ja.

C: Da ist diese dicke Nabelschnur, die Mütter zu ihren Kindern haben.

F *(zeigt eine Megadicke Nabelschnur)*: Die ist …

C: *(zeigt sie auch):* Sie ist riesig.

F: Die ist so.

C: Und wenn deine Mutter so wackelt …

C wackelt mit der dicken Nabelschnur in ihren Händen.

C: … dann schrumpfst du sogar auf vier Jahre.

Kl: Vielleicht. Ja.

C: Manche schneiden die durch, auch mit über 50 noch oder machen sie ein bisschen dünner.

F: Die müsste man sprengen wahrscheinlich.

C: Genau. Buff!

Kl: Ich hab mit einer Therapeutin vor einem dreiviertel Jahr oder so das mal über NLP versucht. Und das war kein Seil, das war was sehr Metallisches und das hat hier angedockt.

Die Klientin zeigt auf ihren Nacken.

Kl: So richtig, wie so in Science-Fiction-Geschichten, angedrückt, einmal umgedreht und eingerastet. Ich hab es geschafft, das wegzukriegen und zu einer Art losem Band zu transformieren, das ich anfassen kann oder auch nicht. Das Bild hilft mir manchmal ganz gut. Sie ist auch ganz woanders als vorher. Vorher saß sie da hinten, hier oben …

Die Klientin zeigt hinter sich nach rechts oben.

Kl: … und jetzt ist sie da drüben

Die Klientin zeigt nach links außen, ganz weit weg von sich.

C: Sehr gut.

F: Aber sie ist noch da.

Kl: Jaaaa …

C: Sie ist ja auch deine Mutter.

Kl: Ja.

C: Du willst ja auch nicht sagen: ›Ich verstoße dich, ich verstoße dich, ich verstoße dich …‹ Aber sie hat offensichtlich noch eine Macht über deinen Selbstwert.
Kl: Ja.
C: Eine ziemlich große. Und das macht sie gut. Die ist gut. Die ist besser als du. Die hat dich da noch im Griff. Wenn du ein Mann wärst, würde ich sagen: Die hat dich da noch an den Eiern.
Die Klientin zieht eine Augenbraue hoch und lacht.
C: Du bist kein Mann, aber du weißt, was ich meine …
Kl *(fröhlich):* Ja, ja …
C: Die hat dich da, wo die Haare am kürzesten sind. Das hat Frank Farrelly immer gesagt, der Erfinder der Provokativen Therapie. Da hat sie dich … nochmal so ein Bild dafür.
Kl *(grinst und nickt)*: Mhm … Mhm …
C: Das Bild ist eher für Männer, aber du weißt, was ich meine.
Alle lachen.
F: Aber bist ja auch nicht so geworden wie sie dich gerne gehabt hätte …
C: Eben.
F: Du musstest ja ein anderer Typ Mensch werden … Vielleicht auch ein Mann werden in dieser Welt, um zu bestehen.
Kl: Auf ne Art, ja. Aber ich weiß gar nicht, ob ich wie ein Mann geworden bin. Neee. Das glaube ich eigentlich nicht.
C: Nee. Ich hab nur kein besseres Bild gefunden jetzt, weil ich finde ›Eier im Schraubstock‹ oder so was ist einfach ein schönes Bild …
Die Klientin nickt.
C: D.h. die hat dich noch im Griff und die kann dich noch steuern wie so eine Marionette.
C tut so, als ob sie eine Marionette steuert.
C: Sie zieht noch so an diesen Fäden.
Musik setzt ein.
Es wird szenisch.
C: Shit! Shit! Und dann kommt es wieder von innen. Fuck! Da ist es wieder. Ich fühl mich schon wieder so selbstwertlos.

F *(steuert)*: Linker Arm!

C hebt den linken Arm.

F: Rechter Arm!

C hebt den rechten Arm.

Kl: Nein. Nein.

F: Runter!

C nimmt beide Arme wieder herunter.

C: Wie in so einem Horrorfilm.

Die Klientin stöhnt.

C: Wie sie dich so fernbedienungsmäßig steuert.

Kl: Mhm.

C: Du musst einfach warten, bis sie gestorben ist …

C denkt kurz nach.

C: Aber selbst dann. Das ist Mutter-Tochter …

Kl: Das hört nicht auf.

C: Das hört nicht auf. Dieses Stahlseil ist dann zwar vielleicht ein bisschen dünner, aber es kommt dann aus diesem Grab raus …

Gruselige Klaviermusik setzt ein.

C: … von ihr, durch Deutschland ….

C *wird zur toten Mutter und fängt an bedrohlich zu flüstern:* Du bist nicht so geworden, wie ich mir das gewünscht habe! Du bist immer noch neun Jahre alt, auch wenn ich jetzt schon 30 Jahre tot bin. hahahahahaaaaaa …

Die Klientin beobachtet die Szene ganz genau.

C: Manche können das kappen oder können sagen: Hey, leck mich!

C zeigt zwei Stinkefinger.

C: ›Ich bin was wert, ich kann was!‹

Kl: Mhm …

C: Ich hab noch ein Bild: Eine Spinne im Netz, die dich so einspinnt. So was.

Kl: Ich glaube, ich trau mich das nicht oder ich gesteh mir das nicht zu … Das wäre eine Einladung für sie zu sagen: ›Genau! Das hast du jetzt gemacht, weil du nämlich moralisch verderbt bist.‹

C: Eben. Genau. Du hast Angst vor deiner Mutter, dass sie irgend-

was sagt, das dir nicht gefällt. Deswegen sagst du lieber nix oder brichst den Kontakt ab. Ich sag ja: Die ist mächtiger als du.
C *(spielt die Klientin)*: Oh Gott, was könnte sie jetzt sagen. Oh mein Gott! Jetzt könnte sie sagen, dass ich moralisch verwerflich bin. Oh Gott!
C wird wieder sie selbst.
C: Das reißt dir die Eingeweide auf. Es gibt auch ältere Damen über 50, die sagen können ›Nee! Hör auf mit der Scheiße!‹ Ich habe einen im Bekanntenkreis, der hat glaube ich auch in deinem Alter … da rief die Mutter immer an und sagte: ›Es wäre schon schön gewesen, wenn du dich öfter gemeldet hättest.‹ So. Wenn das deine Mutter macht. Und der hat irgendwann gesagt ›Es reicht!‹ und aufgelegt. Aber der ist nicht du. Der ist anders.
Kl: Naja, ausgesprochen habe ich das ja schon. Und wir haben keinen Kontakt mehr und das fühlt sich die meisten Tage und Nächte auch ganz gut und richtig an. Da kann ich das auch so abhaken und da irgendwo hinstellen, wo das dann halt ist und wo ich weiß, wo es ist, aber wo es mich nicht vordergründig beschäftigt. Aber dann kommt es …
C: Dann … Du hast natürlich wirklich jetzt ziemlich viel Scheiße erlebt. Dann kommt das natürlich auch durch. Ist ja logisch. Wenn man dann nachts im Bett liegt, dann kommen ja immer die Horrorszenarien, oder?
Kl: Mhm. Ja. Vor dem Einschlafen. Ja.
C: Vor dem Einschlafen. Ja. Und was einem da alles wieder einfällt und welche Horrorzombielandschaften sich da auftun. Das ist gruselig.

Szene:
C: Kleines Neunjähriges Mädchen steht irgendwo …
Musik setzt ein.
C: … und hat Angst vor ihrer Mutter. Sie sieht zwar aus wie 52, aber eigentlich ist sie neun, acht, fünf, und steht da in der Zombielandschaft und denkt sich: Oh mein Gott.

F *(ängstlich)*: Irgendwo ist sie. Irgendwo hinter dem Busch.

C und F gucken verängstigt hin und her.

F: Gleich kommt sie hervorgesprungen.

C: Und sie macht mir wieder moralische Vorwürfe.

F: Mutter!

C: Scheiße! Mutter!

F: Mutter!

Szene vorbei.

C *(an Kl)*: Genau. Und dann wachst du am nächsten Tag auf und dann geht's wieder einigermaßen.

Kl: Mhm.

C: Und du willst ja auch immer taff sein.

Kl: Mhm.

C: Da kann man nicht irgendwie mal so Schwächen zeigen. Ist auch schwierig.

Kl: Naja, alleine zu Hause …

C: Deswegen passiert es ja auch abends im Bett zu Hause.

Kl *(lächelt)*: Ja. Ich weiß gar nicht, wann ich das letzte Mal … heute habe ich Mascara drauf, weil ich dachte, ›ach, für so ein Video‹ … mhmmm. Ich habe monatelang mich nicht geschminkt.

C: Weil du so viel geheult hast.

Kl: Ich hab sehr viel geheult.

C: Ist ja logisch, wenn dich auch noch … ich meine, dieser Typ … vielleicht musst du dir jetzt mal einen Mann suchen, der nicht so ein Arsch ist. Mal an deinen Auswahlkriterien arbeiten. Wie lange wart ihr denn zusammen?

Kl: Zwölf Jahre.

C: Zwölf Jahre. War das absehbar, dass der sich verzieht?

Kl: Nein. Nein. Nein. Das war vollkommen ›out of the blue‹.

C: Einfach von einem Tag auf den anderen ›Tschüss, ich gehe!‹

Kl: Naja, es waren so zwei Monate Vorlauf, wo ich gemerkt habe, es ist irgendwas. Und wie das halt manchmal oder auch oft bei Männern so ist … die reden ja nicht.

C: Nee.
C *(dreht sich zu F)*: Nee, gell?
Alle lachen.
F: Ich sitz auch nur zur Deko hier.
Kl: Deswegen habe ich ja auch gesagt ›oft!‹
Alle lachen.
Kl: Ähm … ja, wahrscheinlich hätte er, wenn ich ihn nicht drauf angesprochen hätte, es noch irgendwie weiter durchgezogen und dann halt irgendwann mal … aber … ja … wäre er gegangen … und das hat mir tatsächlich sehr den Boden unter den Füssen weggezogen, weil ich dachte: Das ist es. Das ist DER Mann, das ist DIE Beziehung, das trägt, egal, welche Themen wir mal bekommen. Die Basis ist ganz breit und ganz fest und belastbar. – Und dann kommt er einfach nicht wieder. Zack.
C: Scheiße. Ist ein Idiot.
Kl: Jaaaa. Und ich weiß, dass er ein Thema gerade mit sich hatte, so Lebensphase, Lebenskrise, so was. Aber das macht es für mich natürlich nicht leichter.
C: Nee. Also du musst dir mal einen suchen, der redet …
Kl *(engagiert)*: Das ist ja das Problem. Er konnte ja reden mit mir. Mit mir konnte er reden. Elfeinhalb Jahre konnten wir reden.
C: Was hast du Schreckliches getan, dass er dann plötzlich sagt: ›Ich kann nicht mehr!‹
Kl: Keine Ahnung. Ich glaube, es liegt an ihm.
C: Du denkst, es liegt an dir, weil du das immer denkst.
Kl: Puuuh. Mhm … ja, vielleicht schon auch. Das spielt natürlich wieder rein. Dieses ›oh, ich bin nicht liebenswert genug‹ … also … ich konnte ihn nicht halten … also … weiß ich nicht …
C: Du bist Opfer deines Selbstwerts.
Die Klientin muss schlucken.
C: Das ist wie so ein hohles Loch, das in dir drin ist.
F *(schüttet wieder was ins Loch und sagt dabei)*: Schütt, Schütt, Schütt.
C: Und es wird nicht voller.

Kl: Mhm.

C: Du könntest es vielleicht irgendwie – selbst mit 52 – noch auffüllen. Also manche in deinem Alter können das noch. Vielleicht.

Kl: Und wie geh ich da vor?

C: Mal gucken … wir können ja mal so eine Zukunftsperspektive entwickeln. Erstmal das Horrorszenario. Alles furchtbar. Und danach machen wir es andersrum.

Szene:

Dunkle Musik setzt ein.

C: Du mit 85 in 33 Jahren.

F: Um dich rum ganz viele Katzen. Miau, Miau.

Die Klientin guckt angewidert und schlägt die Hände über dem Kopf zusammen.

F: Miau, miau …

C wird zu einer alten Frau.

F: In der ganzen Wohnung riecht es nach Katzenkot und Katzenfutter.

F: Miau.

C: Ja mei, gell …

F: Miau.

C: Ja, Miezi, ja, ja … Miezi, ja, ja … aber ihr seid die einzigen, die mich lieben, die einzigen, die mich lieben. Niemand sonst. Die einzigen, die übrig sind von dem verkackten Familienhaufen inzwischen. Aber ich hab noch Euch süße Miezies …

F: Miau.

C *(mit Blick auf die Katze)*: Ja, ja, ja, ja … das Leben, das Leben ist schon hart. Ich hätte gerne ein bisschen mehr … nicht nur Katzen in mir drin, sondern mehr Selbstwert. Weißt du.

F *(reagiert)*: Miau, miau.

C: Ja, Miezi, du verstehst mich. Ich weiß schon, ich weiß schon.

C streichelt die Katze.

F *(spricht als Katze):* Die ganze Wohnung ist inzwischen vermüllt. Überall Berge von Klamotten und gesammeltes Zeug von Zeitungspapier. Ich kann als Katze auch nicht mehr bald.

C wimmert und jammert.

F: Miau.

Szene vorbei.

C *(an Kl):* So wollen wir es glaube ich nicht.

Kl: Nein.

C: Wir machen mal eine andere Variante.

Szene:

C richtet sich auf.

C: Auch du. Mit 85. Du sitzt in einem Penthaus in Berlin mit einem wunderbaren Mann. Er ist zwei Jahre älter als du. Er hat sich total gut gehalten. Er trägt dich auf Händen. Und du glaubst es ihm auch. Du glaubst es ihm endlich. Du glaubst es ihm. Schon seit ungefähr zehn Jahren glaubst du es ihm endlich. Und ihr genießt die Zeit zusammen.

Musik beginnt.

C: Ja, Schatz

F: Ich konnte es nicht fassen, dass es vor mir Männer gab, die dich nicht liebenswert fanden. Was für Idioten.

C: Sie fanden mich liebenswert, aber ich glaube es nur dir.

F: Lass dir sagen von mir: Ja, du bist liebenswert! Ich hab durch dich erst in meine eigene Selbstliebe reingefunden. Ja, ich liebe mich auch.

F küsst sich selbst.

F: Ich finde mich toll, aber ich finde vor allem dich so toll.

F streichelt C.

F beginnt zu singen:

Du bist liebenswert.
Du bist liebenswert.
Bist so viel mehr wert als eine Frau am Herd.
Ja, du bist einfach liebenswert.
Einfach liebenswert.

C guckt ihn die ganze Zeit verzückt an.
F singt weiter:

In den Augen mancher bist du vielleicht moralisch entgleist.

C guckt irritiert.
F singt:

Doch eines ist es, was ich jetzt weiß.
Du bist einfach liebenswert.

C stimmt mit ein:

liebenswert.

Beide singen:

Du bist liebenswert.
Du bist so liebenswert.

F: Und ich spreche jetzt sogar mit englischem Akzent.
C: Du kannst wirklich alles.
Szene vorbei.

C *(an Kl):* Besser, oder?
Kl: *(verzückt und sehr positiv emotional berührt)* Mhm.
Sie fängt an zu weinen.
Sie weint und lacht gleichzeitig.

C: Ich meine, wie alt werden wir heute? 100? Du hast noch dein halbes Leben vor dir. Auch wenn die erste Hälfte, nicht überall, im Beruflichen nicht, ein bisschen verkackt war an manchen Stellen naja, vielleicht an zwei, drei Stellen, wer weiß, was noch kommt. Ein Heinz, ein Klaus … du könntest ja auch lesbisch werden.
Kl: Ja, hab ich auch schon mal drüber nachgedacht.
C: Ist vielleicht nicht ganz so stressig wie mit diesen Typen. Die reden vielleicht mehr. Die Frauen.
Die Klientin lacht.
F: Die reden noch mehr.
Alle lachen.
C: Die reden noch mehr. Aber du redest auch gerne.
Kl: Ich rede auch gern. Ja.

C: Noch ein Bild. In der Zukunft. Du mit einer Frau. Ihr redet beide ganz viel.

Szene:
C und F reden beide parallel in einem irren Tempo. Man versteht nichts.
C *(an Kl):* Das wäre auch eine Möglichkeit.
Die Klientin ist nicht begeistert.
C: Du willst lieber so einen Mann in einer Penthouse Wohnung.
Kl: Ach nö. Penthouse gar nicht. Eher so tiny oder so. Irgendwie so am Rande der Stadt, wo man schnell in der Oper ist und auch schnell wieder am See oder im Garten oder so.
C und F: Ohne Katzen.
Kl: Ja, ohne Katzen bitte!
C: Keine Tiere.
F: Miau.
Kl: Zumindest nicht zu viele. Eine reicht. *(lachend)* Ja.
C: Aber weißt du, du bist ja so ein schwarzes Loch haben wir festgestellt. Wie meinst du denn, wie du das noch füllen kannst in deinem hohen Alter?
Die Klientin denkt emotional nach.
C: Beruflich dich von Anerkennung zuschütten lassen.
Kl: Mhm …
C: Bitte gebt mir mehr Anerkennung. Du stehst mit einem Schild irgendwo.
C guckt sich um.
C: Ich brauche noch mehr Anerkennung!
F *(wie ein Marktschreier mit Bauchladen):* Anerkennung zum halben Preis!!!!
C nimmt die Anerkennung von ihm an.
C: Ja, danke schön!
F stülpt ihr überall Anerkennung über.
F: Wunderbar. Schön, schön.
C *(an Kl)*: Dann ist es schon so ein bisschen voller.
Die Klientin ist skeptisch.

C: Du hast aber auch da den Anspruch. Du möchtest das bitte von deiner Mutter und deinem Vater – der gibt es dir ja sogar …
Kl: Mhm.
C: Dem glaubst du es nur nicht. Es ist eigentlich egal. Deine Mutter gibt es dir nicht. Deinem Vater glaubst du es nicht.
Kl: Mhm.
C: Du weißt auch nicht, was du willst.
Kl: Ich glaub, ich bin gerade, was den Beruf anbelangt an so einem Punkt, wo Anerkennung … ich bin eine Rampensau, ich bin nicht umsonst Journalistin geworden, ich bin zum Radio gegangen. Das macht man nicht, wenn man mimimimi zu Hause sitzen und nicht gehört und gesehen werden möchte. Das könnt ihr sicher sehr gut nachvollziehen.
C und F *(lachen):* Nö. Gar nicht.
Die Klientin lacht.
Kl: Und ich kann mir nicht vorstellen, irgendwo … wenn's sein muss, dann macht man es eben … irgendwo an der Kasse zu sitzen. Klar, klar. Ich möchte irgendwas machen, was sinnvoll ist, aber Karriere in dem Sinne, dass es immer nochmal weiter hochgehen muss oder so, nicht um jeden Preis. Ich könnte jetzt schon was machen, aber auf das, was sich da so abzeichnet, hab ich überhaupt keinen Bock. Ich möchte das machen irgendwie, was mein Herz erwärmt … und das ist …
C: Ja, und da kommt der Anspruch wieder rein.
Kl: Ja.
C: Du hast ja eigentlich einen super Job, aber du bist nicht mehr zufrieden. Du hast ihn jetzt lange gemacht. Du bist nicht mehr zufrieden. Du hast einen hohen Anspruch. Jetzt willst du was haben, was relevant ist, was wo dein Herz dranhängt …
C zählt mit allen Fingern auf, was die Kl alles will. Bis 20 Finger, ohne Worte.
Kl: Ja, den strick ich mir gerade … oder ich versuch ihn mir zu stricken. Den Job.
C: Genau. Und du hast noch ungefähr, also wenn du dich anstellen

lässt, noch ungefähr 15 Jahre, bis du in Rente gehst. Das ist geil. Du könntest zehn Jahre suchen …

Kl: Nööö.

C: Nee?

Kl: In einem knappen Jahr will ich …

C: … willst du woanders hin.

Kl: Ja.

C: Aber das eine hat jetzt nicht geklappt, aber du hast schon andere Ideen.

Kl: Ich hab andere Ideen.

C: Beruflich hab ich das Gefühl, du bist relativ selbstbewusst.

Kl: Ja.

C: Du weißt auch, wo du hinwillst, was du wert bist.

Kl: Ja.

C: Du hast auch einen Selbstwert.

Kl: Ja.

C: Vielleicht ist es aufgebraucht für die berufliche Seite. Der Selbstwert.

Kl *(stöhnt):* Das ist ein guter Punkt.

C: Sonst brennst du ja die Kerze viel zu schnell ab. Stell dir mal vor, du wärst privat auch noch so selbstbewusst. Jesus. Wie die Eva Peron, die dann mit Mitte 50 stirbt, weil sie die Kerze von beiden Seiten abbrennt. Das ist viel zu viel. Das schaffst du gar nicht.

Kl: Wobei ich auch schon gesagt bekommen habe, dass ich manchmal auch schon im privaten Umgehen, mit Leuten, die mich nicht so gut kennen, die nicht so in den weichen Kern reingucken können, dass ich da auch manchmal arrogant rüberkomme oder überheblich oder sehr selbstbewusst … stöhnt.

C: Der Schutz nach außen. Bloß nicht zeigen, dass was Weiches in dir drin ist. Dieses Weiche, das sitzt da drin.

C verstellt ihre Stimme und spielt das Weiche. Sie spricht ganz hoch. Musik setzt ein.

C: Nimm mich mal raus, nimm mich mal raus!

C: Ein kleines weiches Schwabbelding mit großen Augen.

Szene:

F streicht C über den Kopf. C legt ihre Finger wie eine Brille um ihre Augen, um die großen Augen des weichen Schwabbeldings zu zeigen.

C *(mit hoher Stimme und Blick auf den streichelnden F):* Lieb mich!

F: Ja, wir lassen dich nicht raus!

C: Ich will aber mal rausgucken.

F: Nein! Du bleibst hier drin!

C: Ich bin ganz weich und zart.

F: Ja, aber es darf niemand mitbekommen.

C: Doch. Ich möchte aber, dass es jemand sieht. Ich will raus!!!

F: Du hast jetzt so viele Jahre drum gekämpft, als starke Frau durchzugehen. Dieses weiche Ding lassen wir bitte hübsch drin. Ja?

C: Ich möchte raus.

F: Da gehst du kaputt.

C: Meinst du?

F: Du bist wie ein weiches Ei, das zerbricht.

C: Bin ich da zu sensibel?

F: Viel zu sensibel.

C: Ich will da mal rausgucken.

C dreht sich nach vorne.

F: Du bist wie aus Glas. Du gehst da kaputt. Bleib da drin!

C: Aber das macht doch nix, wenn jemand sieht, dass ich aus Glas bin.

F: Doch. Das macht was. Dein ganzes Selbstbild geht kaputt.

C: Ohhhhh. Ich weiß.

F: Die Leute sehen Dich plötzlich als weiche und zerbrechliche Frau. Nein, nein, nein, nein, nein.

Er streichelt immer noch ihren Kopf.

F: Du bist stark und hart.

C: Ich will aber nicht immer stark und taff sein.

F: Ja, aber das Schicksal hat es für dich anders vorgesehen.

C zieht die Mundwinkel nach unten.

F *(zählt auf)*: Karriere …

C: Ich bin beleidigt.

F: … Dramen, Tragödien. Da musst du durch alles durch! Du DARFST NICHT raus! Du musst da drin bleiben!
C: Ein bisschen?
F: Nein.
C: Manchmal?
F: Nein.
Szene vorbei.

C wird wieder sie selbst und guckt Kl an.
C: Eben, wer weiß, was passiert, wenn das mal rauskommt.
Kl: Mhm …
C: Dann zerfließt du vielleicht. Deswegen: Ein Schutzschild ist gut. Ein bisschen anstrengend auf Dauer, weil das immer da innen so kratzt und raus will und du sagst: Nein! Du bleibst da drin! Du darfst nicht raus! Sonst sieht man, dass ich vielleicht doch nicht so taff bin wie ich tue.
Kl: Mhm.
C: Und dann lässt du dich öffentlich coachen. Das finde ich geil. Da kommt das ja schon so raus, dieses Ding.
C macht große Handbewegungen Richtungen Kamera, also würden die Hände des weichen Dings in ihr durch die Kamera nach draußen gehen.
Kl *(lächelt):* Ich sag immer gern, ich bin lösungsorientiert, nicht problemorientiert.
Alle lachen.
C: Das ist super.
Kl: Aber es ist ein weiter Weg …
C: Ja, ein weiter Weg.
Die Klientin schnauft laut.
C: Vielleicht kann das Ding ein bisschen hochrutschen in den nächsten Jahren.
C macht mit den Händen eine Bewegung vom Unterbauch nach oben in den Brustbereich bis zum Auge.
C: Mal so ein Auge rauswerfen.

C tut so als ob ein Fühler des Dings aus dem Auge rauskommt.

Szene:
C *(der Fühler):* Hallo!
F *(schiebt den Fühler wieder rein):* Du gehst wieder rein!
C *(an Kl):* Genau. Was die Leute dann denken könnten? Das entspricht überhaupt nicht mehr deinem Selbstbild. Es hat so viele Vorteile, wenn du dich schützt. Es ist viel zu gefährlich, das rauszulassen.

Szene:
F: Wir sehen ein Zukunftsszenario. Eine völlig zerflossene Kl, ohne Selbstschutz, ohne Hülle.
C macht schlängelnde Bewegungen und fließt herum.
F: Du bist so anders geworden.
C: *(fließt weiter)* Ja.
F: Ja. So, so, so …
C: Das fühlt sich eigentlich ganz schön an.
F: Aber, aber …
C: Ich muss zwar mehr weinen, ich hab mehr Gefühle, ein bisschen verrückt … aber?
F: Du bist so kontrolllos. Ich hab Angst vor dir.
C fließt weiter und wird immer irrer.
F: So was macht man nicht!
C: Das ist doch nicht schlecht! Es ist mir auch egal, was die Leute denken.
F guckt sehr irritiert.
C: Es ist mir ganz egal!!!!!!
F: Ich hab Angst vor dir.
C: Auch wenn du Angst vor mir hast. Es ist mir so was von scheißegal. Egaaaaal.
F: Ja, ja … ich hole mal ein paar Taschentücher.
C: Aaaaahhhhhhhh ….
C und F blicken zur Klientin.

Kl *(glücklich):* Das gefällt mir.

Alle lachen.

F: Deine Mutter …

Kl: Oh mein Gott.

C fließt zur Mutter.

F: Tochter? Äh …

C *(und sie rumfließend):* Ich bin moralisch verwerflich und es ist mir scheißegal!

C fasst F dauernd an. F stöhnt irritiert.

C *(flippt aus):* Ich freu mich!!! Uuuuuuuh!

F schlägt die Hände vor dem Gesicht zusammen.

C: Und du bist mir auch egal, was du denkst.

C fasst F an.

C: Ich hab dich trotzdem lieb.

F: Ahh, ohh …

C fasst F weiter an.

C: Ach, Mama, weißt du. Ich bin jetzt frei …

F stöhnt.

C: … von deiner Bewertung. Es ist mir egal. Bin ich moralisch verwerflich? Sags!

F *(stöhnend):* Ja, ja …

C: Cool!!!!!

F: Du bist noch anders geworden als ich es je gedacht hätte.

C *(in Ekstase):* Ich bin so gerne moralisch verwerflich. Ich hab schon wieder einen neuen Mann.

F stöhnt.

C: Und der Sex ist echt gut!

F *(hält sich die Ohren zu):* Ich bin deine Mutter und will das nicht hören!

C: Sehr gut und sehr oft!!!

F: Ich will so was nicht hören.

C: Er hat Tätowierungen überall! So geil!

F: Über solche Dinge reden Mütter und Töchter nicht.

C: Es ist mir so egal, weißt du, was du von mir denkst!

F stöhnt und krümmt sich.
Szene vorbei.

C *(an Kl, die die ganze Zeit voll dabei ist mit der Aufmerksamkeit und viel lächelt):* So was vielleicht?
Die Klientin nickt.
C: Aber das kommt für dich noch nicht in Frage. Nicht zu schnell! Warte!!!
Kl *(atmet tief durch):* Ja.
C: Das muss alles langsam gehen. Du hast jetzt 52 Jahre dein Selbstbild aufgebaut und das hat viele Vorteile. Du wirst als taff wahrgenommen, als kompetent, als …
F: … stark …
C: … selbstbewusst, als alles …
F: … nur nicht liebenswert, aber stark und selbstbewusst.
C: Genau.
Die Klientin guckt etwas grimmig.
C: Wow, der Blick! *(zu F)* Der tötet dich gerade!
Die Klientin lacht.
F *(piekt C):* Es steckt irgendwo da drin, aber man sieht es halt nicht bei dir. Du bist halt so stark.
C: Und wenn man das rauslässt, weißt du, es könnte ja sein, dass du dann liebenswerter wahrgenommen wirst … aber das glaubst du nicht. Du glaubst, du zerfließt dann … es ist dann irgendwie alles …
C macht wieder fließende Bewegungen.
C: … bääääh …
Kl: Na, ich hab, also, bei meinen Freundinnen tatsächlich ein anderes Feedback natürlich bekommen. Die kennen mich halt. Das war das Schöne in dieser ganzen schwierigen und schweren Zeit, dass ich eben echt total gut aufgefangen wurde von drei, vier Frauen.
C *(erstaunt):* Du hast Leute, die dich liebenswert finden?
Kl: Ja. Deswegen war ja grad mein Blick so tödlich. Es gibt sie nämlich schon. Aber … die haben halt schon viel von mir gesehen und

wissen halt, wie es in mir drin so aussieht. Das wissen nicht so viele ansonsten.

C: Drei reichen … das darf sonst keiner wissen. Bleib da lieber so eine Roboterhülle, die bloß nicht zeigt, dass da was Weiches drin ist. Nur diese drei Frauen, die dürfen es wissen. Sonst niemand.

Die Klientin schüttelt den Kopf und lächelt.

F: Die haben eine Verschwiegenheitsklausel unterschrieben.

C: Ja, ganz wichtig. Damit sie es nicht weitertragen. Du bist immerhin Journalistin, weißt du. Wer weiß, wer das alles mitkriegt, wenn du Schwäche zeigst. Bist du wahnsinnig geworden?

F: Du bist in der Öffentlichkeit.

C: Eben. Die denken dann: ›Was ist denn mit der los?‹

C: Wir sehen mal zwei journalistische Kollegen und Kolleginnen, die sich über dich unterhalten.

Szene:

C: Also, unsere Kollegin, die hat geweint.

F: So hab ich sie noch nie gesehen. Auf der Pressekonferenz.

C: Es war irgendwie liebenswert, aber auch ein bisschen inkompetent.

F: Ja, schon. Emotionen werden ja bei uns ganz groß geschrieben immer, aber …

C: … nicht bei den Nachrichten.

F: Nicht bei den Nachrichten. Nein.

C: Das geht nicht!

F: Dass sie vor Herr Spahn in Tränen ausbricht.

C: Das geht nicht!

F: Das geht nicht!

C: Auch Herr Spahn würde so was nie tun.

F: Das ist völlig unprofessionell.

C: Völlig unprofessionell.

F: Nein.

Szene vorbei.

C: Es könnte ja sein, dass die so reden.

Kl: *(nickt und lächelt):* Mhm …

C: Deswegen … aber im Beruflichen ist es ja nicht so krass. Da kannst du dich ja gut schützen. Da ist es o.k.

Kl: Mhm.

C: Und bei den drei Frauen kannst du aufmachen.

Kl: Mhm.

C: Du könntest so ein Assessment Center machen, bei wem du aufmachst und bei wem nicht. Vorher sagst du ein paar Leuten ›Du musst erst durch mein Assessment Center durch, dann öffne ich mich vielleicht …‹ Weil du ja auch einen Anspruch hast und perfektionistisch bist. Du musst dich perfekt öffnen!

Kl: Jaaaaa …

C: Nicht nur mal eben so öffnen. Die verachtest du doch, die Leute, die sich irgendwie öffnen und da rumtun …

F: … und rumheulen …

C: Furchtbar.

F: … und auf Emotionen machen und so. Aaahhhh …

Die Klientin lacht.

C: Das geht nicht für dich.

F: Neeee …

C: Du bist da viel zu …

F: … zu stark, zu korrekt!

C: Das hast du ganz von deiner Mutter. Da haben wir wieder deine Mutter. Sie ist wieder schuld, dass du dich so schützen musst!

Kl *(rümpft die Nase):* Neee …

C und F: Wie, neee??

Kl: Nee, nee, nee …

C und F *(ahmen sie nach)*: … nee, nee, nee …

Die Klientin lacht die ganze Zeit.

Kl: Ihr versucht wirklich alles, um meinen Widerspruch rauszukitzeln.

C und F *(lächelnd)*: Mhm …

C: Es nützt nur nix. Weißt du … weil du so eine Schutzschicht hast, dass selbst wir, die wir so erleuchtet sind und so lange schon so arbeiten, nicht rankommen …

C formt eine Schutzschicht um sich rum.

C: … weil du diese Schutzschicht hast. ›Nein, das lass ich nicht zu! Ich darf hier keine Schwäche zeigen.‹ – Hast du zwar schon, aber egal …

Alle lachen.

Kl: Ich sag ja, ist ein langer Weg. *(lacht)*

C: Nicht zu viel auf einmal.

Kl: Aber das, also, dieses Fluide, das fand ich gut.

C macht es nochmal …

C: Mit 95.

Kl: Oh, nee.

C: Bevor du in dein Grab fährst … ganz fluid.

Szene:

F spielt Musik dazu.

C *(bewegt sich fluid und stöhnt):* Aaaaahh …

C: Jetzt hab ich es geschafft.

C *(wendet sich an F)*: Ich habe dich und ich bin fluid.

F: Ich hab auch 30 Jahre lang gebraucht, um herauszufinden, dass du liebenswert bist.

C: Ohhh. Mein Schatz.

F: Ich wusste, da ist was drin, aber du hast es lange nicht gezeigt. Aber jetzt, wo du fluid bist, geht's.

C: Jetzt kann ich in Ruhe wie ein Geist demnächst mal sterben und dann weiter fluiden. Das hat ein bisschen lange gedauert, aber besser spät als nie.

C *(an Kl)*: Du meinst, du kannst es schneller?

Kl: Ich kann es schneller.

C: 65.

C wird wieder fluid. Musik setzt wieder ein.

C *(an F):* O.k. ich bin 65. Es geht jetzt schon. Es geht noch schneller. Ich kenn dich noch gar nicht, Schatz.

F: Aber ich merke jetzt schon, dass du liebenswert bist.
C: Das ist gut. Ich spür's auch schon. Ganz fließend durch die Luft, dass ich dich bald treffen werde und wir sehr glücklich werden.
F: Ja.
C: Werden, werden, werden …
Szene vorbei.

F *(an Kl):* 65 ist auch zu spät?
Kl: Ja.
C: Du bist echt anspruchsvoll.
Kl: Ja.
C: 55
Kl *(stöhnt):* O.k. Drei Jahre noch. Oooooohhhh …
C: Auch zu lang. Ich merke schon.
Die Klientin stöhnt und lacht und stöhnt und lacht und weint dann …
Kl: Ja, ich will einfach … *(zuckt mit den Schultern).*
C: Du willst zu viel auf einmal …
Kl: Möglich … also einfach, weil es viele verschiedene Baustellen sind. Ja. Und ich tendiere dazu, erstmal das Berufliche abzuhaken und das Weiche, Private, mich da zu sehnen danach … also ich finde es ganz schrecklich, dieses einsam sein …
Die Klientin schluchzt.
C: Aber Sehnen ist doch viel besser als die Realität … da kann man sich schöne Welten aufbauen und im Realen hast du dann da so einen Typen sitzen, der schmutzt.
Die Klientin fängt im Weinen an zu lachen.
C: Es ist doch viel besser …

Szene:
F *(zu C):* Hast du schon gekocht?
C: Koch doch selber!
F: Aber du bist die Frau, komm!
C: Nee, so was will ich nicht.
Wischt F mit einer Handbewegung weg.

C: Nächster.

Die Klientin lacht.

F: Hast du schon gebügelt?

C: Ohooooo …

F: Ich bin ein Mann! Hallo?

Die Klientin lacht sich tot.

F: Sorg dich um mich!

C stöhnt.

F: Gib mir deine Liebe!!

Szene vorbei.

C *(an Kl):* Das ist die Realität.

Kl *(wischt sich die Tränen weg, lacht dabei und sagt)*: Ja, ich weiß. Ich hab mich schon mal auf so Partnerbörsen, Partner-Apps umgeguckt. Ich finde es gruselig.

F: Eben.

C: Deswegen bleib in deiner Traumwelt! Das ist viel sicherer.

Kl *(vehement und lachend):* Aber da will ich nicht bleiben!!!

C *(macht ein kleines Mädchen nach):* Neee, das will ich nicht, das will ich nicht …

C: Da kommt wieder nicht die Neunjährige, sondern die Dreieinhalbjährige durch. ›Aber ich will nicht, ich will nicht, ich will nicht …‹

Kl: Nein, nein, nein.

C: Es ist viel sicherer. Du weinst dich dann zwar manchmal in den Schlaf, aber dann kannst du dir … richte es dir doch so ein zu Hause, eine Einhorn-Welt mit Geigenmusik.

Szene:

Musik setzt ein.

C: Das Paradies. Den perfekten Mann an deiner Seite. Deine Mutter hat sich entschuldigt für alles, was sie dir angetan hat.

Die Klientin lacht laut auf.

C: Das wäre doch auch eine tolle Geschichte. Deine Mutter ruft an.

F: Ja, Mama?
C: Ich will dir nur sagen, du bist nicht moralisch verwerflich! Ich habe mich geirrt.
F: Oh.
C: Du bist ein ganz toller Mensch.
F: Mama …
C: Und ich liebe dich.
F *(zunehmend irritiert):* Ich … liebe … dich …
C: Du bist stark und schön und intelligent und selbstbewusst und …
F: Mama???? Bist du das?
C: Ja, ich bin es.
F: Ich bin ganz …
C: Ich habe eine Therapie gemacht.
F: Es fühlt sich gerade so … aaahhh … an … mmmmm …
F reibt sein Herz wohlig.
Szene vorbei.

C *(an Kl):* Das wird nicht passieren, oder?
Kl *(lächelnd):* Nö. Aber es wäre schön …
C und F: Schön wär's …
F: Fantasie ist was Schönes eigentlich.
C: Eben. Die Fantasie ist viel besser als die Realität. Manchmal. Nicht immer.
F guckt ein bisschen skeptisch.
Alle atmen durch.
C: Ist schon wieder um die Zeit. Das geht immer so schnell. Wir wollen dir ganz zum Schluss noch ein Geschenk machen.
C *(an F):* Was machen wir ihr noch für ein Geschenk?
F: Ich bin ganz offen.
C *(lachend):* Er wieder …
F *(an C):* Dein Wille geschehe!
F *(an Kl):* Schau, nicht mal ich habe einen eigenen Willen.
C: Nee. Das mach alles ich.

F: Ich bin ja nur der Mann hier.

C: Du bist nur der Mann.

F: Verfüge über mich!

C: Eine Zukunftsperspektive, die nicht erst in 30 Jahren ist, sondern in den nächsten Monaten. Die Entwicklung der nächsten Monate im Positiven … mal gucken, ob wir das hinkriegen.

Kl: Mhm.

C: Ist zwar für dich zu schnell, aber nimm es als Traumwelt.

Kl *(lachend):* O.k.

Szene:

Musik setzt ein.

C: Es ist Berlin an Silvester 2021/22.

F: Wir sehen ein Häuschen am Rande der Stadt mit einem kleinen Garten drum rum.

C: Mit einem See.

F: Am See. Ein Zaun um dieses tiny house drum rum …

C: … und einer Katze.

F: Ist eine streunende Katze, sie kommt jeden Tag zu Besuch. Ist nicht deine eigene.

Die Klientin nickt und lächelt.

C: Sie besucht dich immer wieder.

F: Aber die kommt sehr gerne zu dir.

C: Du hast dich schön gemacht, auch wenn du jetzt noch nicht so genau weißt, wie du feierst heute. Du sitzt da und plötzlich siehst du im Nachbarhaus Bewegung. Du stehst auf und denkst ›Ach, ich bin jetzt ein bisschen crazy und lass mal dieses weiche Ding in mir ein bisschen nach oben gucken. Ich klingel da einfach mal.‹ Du gehst rüber und klingelst. Und du siehst …

F: … die Tür geht auf, ein verdammt gutaussehender Mann steht an der Tür …

Kl *(reagiert amüsiert):* Aaah …

F: Er mustert dich von Kopf bis Fuß und denkt sich …

C: ›Geile Schnecke!‹

F: ›Hallo Nachbarin, ich habe schon gesehen, Sie sind bei mir vor kurzem eingezogen. Gute, beste Gegend. Kann ich nur empfehlen. Ihr Grundstück grenzt an meines. Wollen Sie nicht reinkommen?
C *(an Kl):* Und du sagst ›Natürlich!‹
C *(an F)*: Natürlich komme ich rein. Ich bin heute ein bisschen crazy drauf. Ich mach sowas sonst nie.
F: Ich mag Frauen, die crazy sind.
C: Gut. Ich fang grad damit an. Das ist das erste Aufbäumen. Ich hab nämlich einen weichen Kern.
F: Das sieht man.
C: Das sehen Sie?
F: Ja, ich hab so eine Auge, so einen gewissen Sinn dafür. Das ist das dritte Auge sagt man ja meistens.
C *(erstaunt):* Sie sehen, dass ich einen weichen Kern habe?
F: Natürlich.
C: Ich glaub, ich bin zu schnell.
F: Da muss man ja blind sein, um das nicht sehen zu können.
C ist total irritiert.
F: Haben Sie das nicht gesehen?
C: Ich hab ihn grad erst gefunden. Uff. Ich glaube, ich muss nochmal kurz gehen. Ich komm in zehn Minuten wieder.
F: Nein, nein. Bleiben Sie da!
C: Das macht mir ein bisschen Herzklopfen gerade.
F schaut C an.
C: Schau mich nicht so an!
F: Verunsichere ich Sie?
C *(sehr unsicher):* Ja, nein. Gar nicht. Ich bin ganz stark …
Die Klientin grinst die ganze Zeit.
C: … und ganz cool.
F: Ah, o.k. Stark können Sie auch?
C: Stark und cool!
F: Ich wollte nicht zu nahe kommen.
C *(spricht ihre Gedanken aus):* Komm näher, komm näher!
C *(sagt, was sie denkt):* Ich bin stark und cool!

F *(spricht seine Gedanken aus):* Die taut schon noch auf, keine Sorge! Das Eis schmilzt.
C *(spricht wieder die Gedanken aus):* Ich muss es zulassen, ich muss es zulassen!
C *(sagt):* Prosecco?
F *(nickt und sagt):* Ich bin übrigens der Dietmar.
C sagt den Namen der Klientin
F: Schön, dich kennenzulernen.
C: Finde ich auch.
F: 2022 wird ein geiles Jahr!
Beide schauen sich verliebt an.
Szene vorbei.

Die Klientin ist sehr gerührt.
Kl: Schönes Geschenk!
C: Wir lassen es mal so stehen, o.k.?
Kl *(grinsend mit Tränen in den Augen):* Mhm.

Reaktion direkt danach:
C: Wie geht's Dir gerade?
Kl *(zögert kurz, denkt nach und sagt lachend):* Ich weiß es nicht.
C: Verwirrung ist immer gut.
Alle lachen.
C: Lass es wirken!
Kl: Da purzelt ganz viel gerade so rum.
C: Schreib uns gerne eine Mail …
Kl: Mhm.
C: Wirkt manchmal nach.
Kl: Mhm. Mach ich.
C: Schön, dass du mitgemacht hast.
F: Danke!
Kl *(seufzt):* Danke euch!
Alle lachen.
C: Wir wünschen dir einen schönen Abend.

Kl: Danke.

C: Meld dich einfach, wenn noch irgendwas ist. Rühr dich gern.

Kl: O.k.

C: Du hast ja unsere ganzen Daten. Bis dann.

Kl *(lächelnd):* Bis dann.

C: Tschüss.

F: Ciao.

Kl: Tschüss.

Quellenangaben

[1] Zur besseren Lesbarkeit verzichten wir in diesem Buch auf die Gender-Sternchen und wechseln zwischen der Nennung beider Geschlechter oder der abwechselnden Nennung der weiblichen oder männlichen Form ab.

[2] siehe auch den Artikel über digitales Arbeiten von Charlotte Cordes in der Praxiskommunikation 2/21: https://provokativ.com/wp-content/uploads/2021/03/PK_012021_Cordes.pdf

[3] www.provokativ.com/veroeffentlichungen

[4] siehe Cordes: Mut zur Impro, Johnstone: Impro

[5] www.therapie.tv/de_DE/dip-paket

[6] siehe Farrelly: Provocative Therapy. Fachartikel von ihm: provokativ.com/die-waffen-des-wahnsinns und provokativ.com/der-kodex-der-chronizitaet/

[7] Weitere ausführliche provokative Fallbeispiele in: C. Cordes: Sie lachen das schon, in: C. Cordes und N. Höfner: Einführung in den Provokativen Ansatz, in: N. Höfner: Glauben Sie ja nicht, wer Sie sind. Außerdem bei Therapie tv: www.therpie.tv/de_DE/dip-paket und in unserem Podcast ›Der Provokative Ansatz‹, www.provokativ.com/podcasts

[8] mehr zu Keith Johnstone in: Johnstone: Impro

[9] siehe dazu auch die bereits mehrfach erwähnten weiteren Bücher zum Provokativen Ansatz.

[10] Improübungen finden Sie z.B.: Cordes: Mut zu Impro, oder Johnstone: Impro

[11] Anm.: Der Name wurde geändert.

[12] Die Originalsessions können Sie inkl. der Lieder bei Therapie tv käuflich erwerben: www.therapie. tv/de_DE/dip-paket

[13] www.therapie.tv/de_DE/dip-paket

[14] Anm.: Der Name wurde geändert.